Invertir en Bolsa *Guía para Principiantes e Intermedios*

Aprende a Generar Ingresos Pasivos Invirtiendo en el Mercado de Valores y Cotizando en la Bolsa.

Aplicable para las Criptomonedas.

Tabla de contenido

Además, la información que se puede encontrar dentro de las páginas que se describen a continuación se considerará precisa y veraz cuando se trata del recuento de los hechos. Como tal, cualquier uso, correcto o incorrecto, de la información proporcionada hará que el Editor esté libre de responsabilidad en cuanto a las acciones tomadas fuera de su alcance directo. Independientemente, hay cero escenarios en los que el autor original o el Editor pueden ser considerados responsables de cualquier manera por los daños o dificultades que puedan resultar de la información aquí discutida.

Así mismo, la información en las siguientes páginas está destinada únicamente a fines informativos y, por lo tanto, debe considerarse como universal. Como corresponde a su naturaleza, se presenta sin garantía con respecto a su validez prolongada o calidad provisional. Las marcas comerciales que se mencionan son expuestas sin consentimiento por escrito y, de ninguna manera, pueden considerarse un respaldo del titular de la marca comercial.

Introducción

Felicitaciones por descargar Invertir en Bolsa: Guía para Principiantes e Intermedios. y gracias por hacerlo. Si bien, el primer libro de esta serie lo ayudó a acostumbrarse a los entresijos del mercado de valores, el presente, tiene como objetivo ayudarlo a llevar las cosas al siguiente nivel al proporcionarle una mayor variedad de formas de interacción con el mercado de valores que nunca antes ha visto.

Los siguientes capítulos analizarán todo lo que necesita saber para llevar su comprensión de las ganancias de las acciones al siguiente nivel, comenzando con un desglose del clima actual del mercado y qué esperar de 2019. A continuación, aprenderá sobre la inversión en valor y crecimiento y por qué una de ellas es probablemente la mejor opción para usted.

Si bien puede haber pasado gran parte de su tiempo hasta este momento con estrategias relativamente pasivas para beneficiarse del mercado de valores, este libro lo ayudará a avanzar hacia algunas alternativas más activas. A saber, encontrará capítulos sobre el comercio de patrones en la nube y el comercio de acciones de precios, dos estrategias comerciales populares basadas en análisis técnicos. A partir de ahí, encontrará capítulos que describen varios otros tipos de inversiones en acciones y estrategias iniciales para tratar de incluir dividendos, centavos, opciones y demás. Finalmente, tendrá un capítulo dedicado a algunos de los maestros de la inversión en acciones y las tácticas que utilizan para tener éxito, así como un capítulo dedicado a garantizar que permanezca en el lado derecho del IRS y pague sus impuestos correctamente.

Con tantas opciones disponibles para consumir este tipo de contenido, se agradece que hayas elegido este libro. Se prestó mucha atención y esfuerzo para garantizar que contenga tantos datos interesantes y útiles como sea posible, ¡por favor, disfrutalo!

Capítulo 1: Clima actual

Si bien 2018 terminó siendo una bolsa mixta para el mercado de valores, las primeras predicciones para 2019 son, en el mejor de los casos, turbias. La esperanza en Wall Street es que la economía subyacente de los EE. UU. siga siendo sólida, la ronda actual de ventas se esfumará y las acciones de toda la industria puedan reanudar una subida constante. Sin embargo, a medida que el primer trimestre del año continúa madurando, sigue existiendo el riesgo de que se produzca el peor descenso anual en una década, trayendo consigo algo completamente más siniestro.

El hecho es que todas las fuerzas que causaron que el S&P 500 cayera más del cinco por ciento el año pasado todavía están en su lugar y, si bien la economía está funcionando bien, está claro para todos que no es tan fuerte como solía ser. Como hay una variedad de escenarios importantes (que se analizarán a continuación) que se pueden usar para medir la gravedad de la posible disminución, es muy posible que el mercado entre en un período tumultuoso en el que rebota de un lado a otro con cada nuevo giro de los eventos.

El año pasado fue un recordatorio de cuán impredecibles pueden ser los mercados bursátiles. En enero, con los recortes de impuestos corporativos, las perspectivas para el mercado en los Estados Unidos eran excelentes. Las acciones alcanzaron un récord en septiembre, con Apple y Amazon convirtiéndose en las primeras empresas estadounidenses que cotizan en bolsa en ser valoradas en más de $ 1 billón. Pero 2018 también fue turbulento, con mercados que cayeron bruscamente en febrero y nuevamente a fin de año.

Además, el S&P 500 casi alcanzó un hito de otro tipo, evitando por poco ver una caída del 20 por ciento desde el máximo anterior y marcando el comienzo de un mercado bajista. De hecho, el índice terminó el año con una caída de casi un 15 por ciento desde su máximo y un mercado bajista podría regresar si suficientes acciones ven una disminución similar a la que ocurrió en el mercado a fines de 2018. Si esto sucede, el pesimismo que ha estado rondando el mercado podría regresar y extenderse a otros sectores de la economía a medida que las empresas dejen de correr riesgos por temor a las dificultades que pueden o no llegar. Lo que sigue a continuación, es conveniente tomar en cuenta en los próximos meses para ayudarlo a determinar hacia dónde se dirige el mercado.

Tasas de interés afectadas negativamente por los costos de los préstamos: las crecientes expectativas sobre las tasas de interés cada vez mayores pesaron claramente sobre los precios de las acciones hasta 2018. De hecho, a medida que la economía avanzaba, la Fed aumentó su tasa objetivo cuatro veces el año pasado, lo que aumentó los costos de los préstamos como resultado. El rendimiento visto en una nota del Tesoro a 10 años, que es cómo se determina la deuda de las hipotecas de viviendas, subió a sus niveles más altos desde 2011 en un punto. Como no hay un final a la vista para estos crecientes costos de endeudamiento, no se trata de si la economía sufrirá sino de cuánto más. Si no se encuentra alivio en este campo pronto, bien podría causar una recesión.

Lo único que aliviará a este curso de acción es que haya más datos sobre el estado de la economía en general, para que los inversores puedan ver que la economía está creciendo, y así, los temores sobre una posible recesión se desvanezcan. Si esto no sucede, se puede esperar un movimiento notable en el mercado alrededor de cada reunión de política monetaria durante todo el año.

El crecimiento global ha llevado a una disminución en los precios de los productos básicos: el mayor impacto de la última guerra comercial es el impacto negativo que está teniendo en las economías extranjeras. La Unión Europea, Japón y China mostraron signos de desaceleración en la segunda mitad de 2018 y los indicadores como los precios del cobre y el petróleo indican que las cosas empeorarán antes de mejorar. Idealmente, el crecimiento se acelerará si se firman acuerdos comerciales beneficiosos en 2019; pero, es posible que los problemas continúen profundizándose también. Actualmente no está claro si el método que China está utilizando para sacar a su economía de su situación actual será exitoso o si Italia continuará cuestionando los planes de gasto de la UE.

Las acciones tecnológicas tienen sus propios desafíos: el destino del mercado también depende de los hábitos de inversores que pueden o no estar listos para volver a la cama con las compañías de tecnología que los hicieron mal a fines de 2018. El año pasado fue sin duda una mezcla de acciones tecnológicas con Amazon, Netflix, Apple y Facebook, todos empujando varios puntos de referencia de acciones a nuevas alturas antes de que cada uno experimentara graves pérdidas antes de fin de año. Parte de esto era una reminiscencia del boom de las puntocom, ya que ciertas acciones simplemente se consideraban demasiado caras en comparación con la empresa en su conjunto. Esencialmente, los inversores comenzaron optimistas solo para temer que las ganancias no cumplieran con sus expectativas optimistas anteriores.

Esto ni siquiera toma en cuenta que muchas de estas compañías enfrentan inconvenientes con sus operaciones que tomarán tiempo resolver. Por ejemplo, Apple actualmente tiene problemas en China, donde enfrentan una mayor competencia con las alternativas locales del iPhone y preocupaciones de fabricación con un centro de producción clave.

El éxito tendrá que ser multifacético: en general, está claro que la economía necesita crecer a un ritmo constante en los próximos meses si se espera ofrecer los tipos de ganancias corporativas que buscan los inversores. Sin embargo, si la economía crece demasiado rápido, los inversores tendrán nuevas preocupaciones por el aumento de las tasas de intereses. Del mismo modo, si la Reserva Federal llega a encontrar un punto medio para que la guerra comercial se calme y además, Europa y China se estabilizan, entonces una recuperación del precio de las acciones podría estar en las cartas.

Considera el ciclo

Conocer la diferencia entre el mercado de valores y los ciclos económicos con la forma en que se relacionan en cuanto al rendimiento de las acciones es uno de los factores determinantes para las estrategias de tiempo y la estructura de la cartera. Por un lado, ¿sabías que el mercado alcista generalmente alcanza su punto máximo antes del pico de la economía? Por lo tanto, un nuevo enfoque bajista puede comenzar incluso cuando la economía está creciendo. Para cuando la Fed salga con un anuncio sobre una posible recesión en la economía, sería un buen momento para ponerse agresivo y comenzar a invertir más en las acciones. Debe conocer la razón por la cual la economía y las acciones tienden a alcanzar su punto máximo en diferentes momentos y la forma en que puede estructurar una cartera, para que pueda maximizar los rendimientos. Aunque es bueno tomar en cuenta el tiempo en el mercado; en lugar de cronometrar al mismo, sería el mejor enfoque de inversión.

Definir y diferenciar el mercado y la economía: los inversores en la actualidad incluyen personas como administradores de activos, fondos de pensiones, bancos y compañías de seguros; estos son los que afectan colectivamente a lo que es el mercado.

El mercado es una referencia a los mercados de capitales que resultan ser mercados para que las partes inversoras compren y vendan valores como acciones, fondos mutuos y bonos particulares. Cuando escuche acerca de la economía, es una referencia a los consumidores, las instituciones financieras, las empresas y los órganos rectores de la economía; estos se pueden entender como entornos financieros.

Comprender la diferencia entre los ciclos económicos y de mercado; y la forma en que se relacionan con el rendimiento de la inversión, puede ayudar a determinar las estrategias y estructuras de carteras óptimas. Por un lado, el mercado alcista para las acciones generalmente alcanza un pico y comienza a disminuir antes del pico de la economía. Como tal, un nuevo enfoque bajista para las acciones puede comenzar incluso a medida que la economía crece, incluso si está a un ritmo lento.

Elegir el mejor sector de acuerdo con los ciclos económicos: en la perspectiva general, el lugar donde el mercado de valores y la economía tienden a superponerse sería en los negocios. Esto se produce por diferentes razones, pero principalmente se debe al hecho de que las empresas impulsan el sistema económico y son la razón por la cual hay un mercado de valores en primer lugar. Es por esta razón que los inversores tienden a mirar el ciclo económico y seleccionar las industrias que invertirían de acuerdo con las tendencias históricas que están ocurriendo dentro de las diferentes fases dentro del ciclo particular.

- Etapa inicial: en este momento, la economía se está recuperando de la recesión recientemente concluida o concluyente. El crédito comienza a aumentar a medida que la política monetaria se vuelve más fácil y esto agrega dinero y liquidez al debilitado estado de la economía. Los rendimientos corporativos comienzan entonces a aumentar considerando que hay un mayor nivel de demanda agregada. Los mejores sectores serían los servicios y los sectores financieros durante esta fase.
- Etapa de mitad de ciclo: También denominado como la fase más larga dentro del ciclo económico. La economía puede estar bien, aunque el crecimiento parece moderarse. Las tasas de interés parecen estar en los puntos bajos, lo que atrae a las personas a seguir pidiendo prestado y gastando dinero. Los rendimientos corporativos también están en su punto más alto durante este tiempo, ya que la demanda agregada también está en su punto más alto. Los mejores sectores para la inversión en este momento serían el sector industrial, así como los materiales básicos y el sector de TI.
- Etapas tardías: En esta etapa, el nivel de crecimiento económico comienza a entrar en una especie de formación de meseta y parece sobrecalentarse a medida que el nivel de inflación aumenta y las existencias son caras en comparación con el nivel de ganancias. Los sectores óptimos para invertir en esta etapa serían en los sectores de energía y servicios públicos, que son más estables y valoran más que el crecimiento.
- Fase de recesión: la actividad económica y las ganancias corporativas experimentarían una disminución en este momento y las tasas de interés están subiendo a medida que la Fed trabaja para luchar contra la inflación. Los sectores óptimos para la inversión en este momento serían los mismos que deberían utilizarse durante la fase tardía, que son los sectores de energía y servicios públicos porque tienden a mostrar la mayor estabilidad.

Punto actual en el ciclo: con las noticias recientes sobre el aumento de las tasas, todos deberían preguntarse sobre dónde se encuentra el país en el ciclo del mercado para prepararse adecuadamente y encontrar los comercios correctos, que podrían establecerse en el futuro. Hay una cosa que es segura, y es que nadie se encuentra en un entorno de relajación constante. La Reserva Federal afirmó que esperaban al menos dos aumentos más dentro de la tasa este año y dieron una pista de que habría un cuarto potencial dependiendo del nivel de la actividad económica.

El ciclo de mercado típico puede identificarse mediante la consideración de dos componentes dentro de la economía y estos serían: los bonos y los precios de los productos básicos. En el momento en que las materias primas aumentan y los bonos disminuyen, el ciclo del mercado se vería como una etapa de expansión media a tardía y los operadores deben estar jugando cualquier movimiento alcista del precio a medida de las oportunidades de la etapa alcista. Cuando las materias primas caen, y los bonos suben, el ciclo de mercado se ve como la contracción de la etapa media a tardía y los operadores deberían estar jugando a las primeras operaciones de picking de fondo y las últimas tendencias de la tendencia bajista.

Cuando se consideran las valoraciones globales de los precios en los productos básicos, es posible ver que dichos productos se han vuelto bajos y esto puede dar lugar a un aumento en el nivel de los mismos en el futuro; esto es parte de los signos relacionados con la etapa tardía en el futuro. La expansión con respecto a los precios mundiales de los productos básicos fue menor durante las últimas partes de 2014, ya que el petróleo cayó a los mínimos recientes y los bancos centrales se relajaron de la flexibilización cuantitativa y la creación de ingresos. Recientemente, antes de las elecciones hace dos años, el precio mundial de los productos básicos alcanzó el nivel más bajo desde 2004 y ahora ha empezado a subir.

Desafíos en lo que respecta al momento del mercado: a pesar de que las relaciones entre el mercado de valores y la economía se simplificarían dentro de un ensayo en particular, el momento del mercado puede ser bastante complejo y muy tonto para los inversores. No hay campana mágica, que se puede tocar cuando es hora de entrar o salir de las existencias. Para muchas de las partes inversoras, la estrategia de compra y tenencia es efectiva, y esto es especialmente cuando se combina con un promedio de costos en dólares. Si se desea utilizar los elementos correctos para comprar y mantener el ritmo del mercado, entonces puede valer la pena considerar la asignación táctica de activos, lo que permitiría mejores resultados si se aplicaran de la manera correcta. En resumen, cada forma de inversión incorpora un grado particular de sincronización del mercado. El enfoque adecuado para la mayoría de los inversores que desean maximizar los retornos y reducir el riesgo sería construir la mejor cartera para fondos mutuos de sus objetivos y tolerancia al riesgo.

Lo que la historia nos puede decir: desde el inicio de la bolsa de valores financiera, ha habido una serie de mercados bajistas, que describen mercados que han disminuido significativamente desde su máximo anterior. Los historiadores repasan esta información pasada con la esperanza de que un análisis de cómo se comportaron las acciones en las bajas anteriores del mercado mostraría lo que podría suceder en el presente. Las razones de cada uno de los 11 movimientos bajistas anteriores en el mercado son diferentes, aunque algunos comentaristas afirman que hay algunos ingredientes clave para estos problemas. Esto puede indicar si los mercados ya maltratados entrarían en una gran crisis y llegarían mucho más lejos o si se recuperarían. El análisis de Stevenson de Fidelity Personal implicaba que las ventas masivas estaban relacionadas con una recesión económica o una sobrevaluación de las acciones.

Los sentimientos fueron compartidos por JP Morgan, quien había supervisado los movimientos bajistas más extremos dentro de la economía, desde la gran depresión. Sin embargo, Morgan afirmó que había ingredientes adicionales al asunto y que estos eran movimientos extremos dentro del precio de los productos básicos como el petróleo y un aumento agresivo en la tasa de interés de la Reserva Federal. JP Morgan afirmó que la investigación que había hecho sobre el asunto mostró que los enfoques bajistas en el mercado requerían una recesión o una sobrevaluación.

Aparentemente, cuando uno de estos o incluso ambos es aparente, la caída del mercado no terminaría en un 20 por ciento por debajo del máximo anterior, sino que continuaría disminuyendo.

Un buen ejemplo, en este caso, sería la burbuja tecnológica y la crisis financiera mundial, aunque, en ambos casos, la sobre-evaluación de las acciones fue la culpable y no tanto de la recesión de la economía. De hecho, fueron los factores que causaron las recesiones en ambos casos. Durante la burbuja tecnológica, todos estaban repentinamente interesados en el tema de las empresas basadas en Internet y el valor prometedor que podían crear, lo que llevó a una sobre-valoración de todas las plataformas de Internet, incluso si no necesariamente valían tanto. Las personas no familiarizadas con el sector tecnológico llevaron a cabo gran parte de la inversión. Querían ser parte de la ola de inversiones que supuestamente continuaría indefinidamente. Tan pronto como los inversores comenzaron a darse cuenta de que el mercado estaba retrocediendo y que las acciones no valían lo que se había sacrificado, todos comenzaron una venta masiva. Esto condujo a la pequeña recesión que se puede observar durante el comienzo del siglo XXI. Lo mismo ocurre con el auge inmobiliario, que atrajo préstamos para el sector inmobiliario. Tan pronto como comenzó la reversión, las tasas de interés subieron y las personas fueron tomadas por sorpresa y condujeron a ejecuciones hipotecarias y desalojos masivos.

Capítulo 2: Invertir en valores vs. Invertir en crecimiento

Inversión de valores

La inversión de valor es uno de los medios más efectivos y conocidos para seleccionar acciones y lo ha sido desde que fue desarrollado por un par de profesores de la Universidad de Colombia en la década de 1930. Si bien es bastante fácil de entender, prepárese para ponerlo en práctica antes de poder usarlo fácilmente en el mercado abierto. Para comenzar, todo lo que tendrá que hacer es encontrar una compañía que actualmente valga más de lo que indica el precio actual de sus acciones.

Cuando encuentre una compañía cuyo valor en comparación con sus fundamentos esta donde quiere que esté, querrá ingresar lo más rápido posible, ya que el mercado se corregirá a sí mismo lo antes posible; lo que significa que si se espera incluso un minuto, entonces te encontrarás con dificultades para obtener ganancias.

Cuando se trata de invertir en valores, lo más importante a tener en cuenta es que existe una diferencia entre las acciones que actualmente están infravaloradas por una razón u otra y aquellas acciones que en realidad son casi inútiles. Si no logras hacer la distinción correcta, terminarás comprando acciones que solo van a disminuir en valor. Por ejemplo, si las acciones de una empresa se cotizaban anteriormente en aproximadamente $25 por acción y de repente baja a $10, esto no significa que automáticamente querrá ponerlo en el campo de compra hasta que se determine qué causó la caída. Esto se debe a que la caída podría ser una respuesta perfectamente apropiada del mercado a una disminución general en el valor de la compañía. Para asegurarse de que el stock es la ganga, parece ser que debería echar un vistazo más de cerca a los fundamentos.

El legendario fabricante de dinero Warren Buffet es quizás el defensor más exitoso de esta estrategia de todos los tiempos. En 1967, las acciones de Berkshire Hathaway valían solo $12 por acción y las mantuvo hasta 2002, cuando valían la asombrosa cantidad de $70,900 por acción. Ahora, estos resultados son ciertamente la excepción, no la regla, pero demuestran cuán poderosa puede ser esta forma de inversión si se realiza correctamente.

Para comprender la efectividad de la inversión de valores, hay algunas cosas que debe comprender.

Cada empresa tiene un valor intrínseco: toda la inversión de valores se puede resumir con una idea que la mayoría de las personas aprendieron a una edad muy temprana: se puede ahorrar una cantidad sustancial de dinero si se desea comprar cosas cuando estén en oferta. Si bien todos entienden que si comprar un televisor a la venta tendrá el mismo precio que si lo compra a precio total, la mayoría no ve el hecho de que el mismo principio general se aplica tanto al mercado de valores como a los productos de consumo. La única diferencia es que con el mercado de valores es la acción cuyo precio está cambiando, mientras que el valor intrínseco de la empresa sigue siendo el mismo.

La inversión de valor crea un margen de seguridad: el margen de seguridad que se crea cuando compran acciones a precios de valor existen porque, naturalmente, tienen menos que perder si las acciones no funcionan de la manera que les gustarían. Esta es una de las claves para valorar la efectividad de la inversión, ya que, naturalmente, es una opción significativamente más segura que invertir en acciones especulativas que probablemente bajen de precio en un abrir y cerrar de ojos.

Los inversores de valor buscan acciones que creen que actualmente están infravaloradas bajo el supuesto de que el precio eventualmente se normalizará ya que el mercado se corregirá a sí mismo eventualmente. Con este razonamiento, el precio reducido no es el riesgo que normalmente se percibe porque el inversor de valor tiene razones para creer que el precio actualmente está experimentando poco más que una ligera recesión. Por ejemplo, si compra una acción que cree que está infravalorada en $66 y luego ve que aumenta a lo que cree que es la valoración precisa de $100, entonces ganó $34 por acción simplemente esperando que el mercado corrija su error.

Además, si el precio continúa moviéndose en una dirección positiva con la suma de $10 adicionales, entonces habría obtenido un total de $44 por acción en lugar de las ganancias de $10 por acción que probablemente habría obtenido si hubiera dejado de comprar hasta que el precio se haya estabilizado por completo.

Conozca los números: como regla general, va a querer usar esta estrategia de inversión para comprar acciones que tengan un valor que sea al menos un 30 por ciento mayor que su precio actual. Con esta red de seguridad disponible, debería ser libre de generar la cantidad máxima de devoluciones y, al mismo tiempo, minimizar el potencial de riesgo general.

Además, querrá buscar empresas que tengan una relación precio / ganancias (P / E) en el 10 por ciento inferior de todos los valores de renta variable. La relación precio / ganancias a crecimiento, que es la relación P / E dividida por la tasa de crecimiento de las ganancias de la compañía, debe ser menor a uno.

La relación P / E le permitirá determinar el precio de la acción en comparación con las ganancias por acción, comenzando con el valor actual de una acción que le interesa. Deberá tomar este número y dividirlo por la última ronda de ganancias reportadas que experimentó la compañía. Por ejemplo, si una compañía tenía un precio actual de $43 y $1.95 de ganancias por acción, entonces para encontrar la relación P / E, simplemente dividiría 43 entre 1.95 para obtener una relación P / E de 22.05.

La relación precio / ganancias también se puede considerar como la cantidad que necesitaría invertir en una compañía para ver un retorno de $1 en forma de ganancias de la compañía. En el ejemplo anterior, los inversores parecen estar dispuestos a pagar un poco más de $22 para ver $1 de ganancias de la compañía. Como regla general, cuanto mayor sea la relación P / E, mayor será el nivel general de rendimiento que los inversores esperan de las acciones en cuestión.

Si se encuentra tratando con una empresa con una relación P / E baja, entonces es posible que la empresa esté infravalorada, especialmente si ha estado viendo ganancias récord recientemente que quizás aún no hayan tenido tiempo de incluirlo en un informe trimestral. Si bien se pueden calcular las proporciones negativas de P / E, las compañías que actualmente no están publicando un número de beneficio positivo enumeran su relación P / E como N / A.

Sin embargo, la relación P / E no está exenta de algunos límites, que es importante tener en cuenta para usarlos correctamente. En primer lugar, debe tenerse en cuenta la industria de la empresa que le interesa, ya que los resultados variarán drásticamente. Además, esto significa que no puede comparar directamente la relación P / E de varias compañías, suponiendo que no estén en la misma industria también. Además, la relación P / E no tendrá en cuenta el potencial de riesgo y recompensa que a veces puede permitirse asumir una deuda adicional. Finalmente, es importante tener en cuenta que muchas empresas que cotizan en bolsa utilizan técnicas contables complicadas para ofuscar los resultados reales de su último trimestre, lo que también puede conducir a resultados falsos.

Además, el precio de las acciones nunca debe ser más que el valor contable tangible y la empresa debe tener menos deuda que capital. Los activos actuales de la compañía deben ser al menos el doble de sus pasivos actuales y su rendimiento de dividendos debe ser un mínimo de dos tercios de su rendimiento de bonos a largo plazo. El crecimiento de sus ganancias debería ser un mínimo del 7 por ciento anual cuando se combina durante los últimos 10 años.

Finalmente, también es importante tener en cuenta un margen de seguridad. Un margen de seguridad es simplemente un pequeño margen de maniobra cuando se trata de posibles errores que pueden haber ocurrido al calcular el valor intrínseco de la empresa. Para agregar un margen de error, todo lo que se necesita hacer es restar el 10 por ciento del número de valor intrínseco que se le ocurrió.

Inversión de crecimiento

Mientras que los inversores de valor tienden a centrarse en acciones que actualmente se negocian por menos de su valor real, los inversores de crecimiento tienden a centrarse en el potencial futuro que ven en una empresa, independientemente de las acciones que podrían estar buscando aquí y ahora. Los inversores en crecimiento generalmente compran acciones en compañías que actualmente muestran signos de negociación a una tasa que es mayor que su verdadero valor intrínseco bajo el supuesto de que esto es una señal de que el valor intrínseco está en aumento. En última instancia, cuando todo está dicho y hecho, los inversores en crecimiento quieren aumentar su riqueza mediante la apreciación del capital, ya sea a corto o largo plazo.

Las ganancias de capital son clave: los inversores en crecimiento tienden a invertir en empresas cuyas ganancias se espera que crezcan de manera realista a un ritmo mayor que el promedio en comparación con el promedio de la industria o el mercado en general. Como tal, el enfoque tiende a centrarse en las empresas más jóvenes, ya que estas son las que finalmente tendrán el mayor potencial de crecimiento. La idea aquí es que el crecimiento de las ganancias / ingresos finalmente dará como resultado precios más altos de las acciones en el futuro. Los inversores en crecimiento tienden a estar atentos a las inversiones en industrias que se están expandiendo rápidamente y donde las nuevas tecnologías y servicios están actualmente en desarrollo. Esto da como resultado un enfoque general en las ganancias de capital en lugar de los dividendos, ya que estas compañías van a reinvertir todas sus ganancias en crecimiento.

Datos claves a tener en cuenta: No existe una fórmula perfecta para evaluar el potencial de una empresa determinada, lo que significa que siempre requerirá una cierta cantidad de juicio e interpretación personal. Los inversores en crecimiento tienen una variedad de criterios y pautas para crear un marco para separar a las compañías probables de los malos actores, pero todos estos deben usarse teniendo en cuenta los detalles de una compañía determinada. Por encima de todo, es importante que siempre tenga en cuenta lo particular de la situación de la empresa dada, así como su relación actual con su rendimiento pasado en el contexto de los estándares de la industria. Como tal, es común que criterios o pautas específicas sean más o menos relevantes en diferentes empresas e industrias.

Se pueden encontrar acciones de crecimiento viables en prácticamente todos los sectores e intercambios, aunque siempre aparecerán en concentraciones más altas en industrias que actualmente están experimentando altos grados de crecimiento. Las pautas generales en esta área incluyen lo siguiente:

- Fuerte crecimiento histórico de las ganancias: como regla general, las compañías en las que están considerando invertir necesitan mostrar un fuerte crecimiento de las ganancias en cualquier lugar entre los últimos 5 a 10 años. Lo que indica un fuerte crecimiento varía según el tamaño de la empresa. Si la empresa que se está considerando vale más de cuatro mil millones de dólares, entonces querrá ver al menos un cinco por ciento de crecimiento. Si la empresa que se está considerando vale más de 400 millones de dólares y menos de cuatro mil millones de dólares, entonces querrá ver al menos un crecimiento del siete por ciento. Para las empresas más pequeñas que eso, querrá ver un crecimiento mínimo de 12 por ciento por año. La idea básica es que si la compañía ha mostrado un buen crecimiento en el pasado reciente, es probable que continúe haciéndolo en el futuro.

- Fuerte potencial de crecimiento futuro: el anuncio de ganancias para una empresa se realiza trimestralmente o una vez al año. Estos anuncios siempre se realizan en fechas específicas durante la temporada de ganancias y se realizan mediante estimaciones. Es en estas estimaciones será donde querrá concentrarse, ya que determinarán qué compañías están superando las tasas promedio. Es importante ver si la empresa cumple o supera las expectativas, ya que esto tendrá un gran impacto en su clasificación en los próximos meses.

- Grandes márgenes de beneficio: para determinar el margen de beneficio antes de impuestos de una empresa determinada, comience tomando su beneficio total y restando todos los gastos y luego dividiéndolo por el número total de ventas. Esta es una métrica muy importante a tener en cuenta, ya que una empresa puede tener niveles muy altos de crecimiento y, al mismo tiempo, tener bajos ingresos, lo que indica que algo grave está sucediendo en algún momento del proceso, lo que significa que querrá mantenerse alejado sin importar lo que pase. En términos generales, si una empresa excede sus márgenes de beneficio durante los últimos cinco años, y al mismo tiempo excede los estándares de la industria, puede suponer que está en el camino correcto.

- Fuerte retorno sobre el patrimonio. El rendimiento sobre el patrimonio de que se jacta una empresa es una medida de su rentabilidad general, ya que revela cuánto beneficio genera una compañía con el dinero que los inversores han aportado hasta ahora. Se puede calcular comenzando con el ingreso neto y luego dividiéndolo por el patrimonio neto general. Por lo general, querrá comparar el ROE actual de una empresa con su promedio de cinco años anterior, así como con el promedio de cinco años anterior de la industria en su conjunto. Si el ROE es estable o está aumentando, puede suponer que la administración se asegura de que se generen retornos de cualquier inversión.

- Fuerte desempeño de las acciones: en general, si una acción no puede duplicarse de manera realista en cinco años, probablemente no sea una acción de crecimiento. Tenga en cuenta que el precio de una acción se duplicaría en siete años con una tasa de crecimiento de solo el 10 por ciento. Para duplicarse en cinco años, la tasa de crecimiento debe ser del 15 por ciento, lo que es casi seguro que sea algo factible para las empresas jóvenes en industrias en rápida expansión.

GARP Invertir

Crecimiento a un precio razonable (GARP) invertir: es una mezcla entre inversión de valor e inversión de crecimiento. Para aprovechar este tipo de inversión, querrá estar atento a las empresas que están algo infravaloradas en este momento que, sin embargo, tienen el potencial de un crecimiento sostenible en el futuro. Idealmente, querrá buscar acciones que estén menos infravaloradas que con una inversión de valor con un potencial futuro algo menos impresionante que si estuviera siguiendo el plan de inversión de crecimiento.

La inversión en GARP se relaciona principalmente con el crecimiento de la posible empresa, lo que significa que con este método siempre querrá estar atento a las empresas con ganancias positivas durante los últimos cinco años junto con proyecciones de ganancias positivas para los próximos cinco años también. A diferencia de la inversión de crecimiento puro, el rango ideal de crecimiento para estas empresas será entre 25 y 50 por ciento. La idea aquí es que la tasa de crecimiento algo menor resulta en una menor cantidad general de riesgo, lo que equivale a mayores ganancias en general.

La inversión en GARP también comparte muchas de las métricas para empresas potenciales con inversiones de crecimiento, aunque los niveles que deberá buscar serán más bajos en general. Una buena compañía GARP es aquella que ve un impulso positivo en las ganancias junto con un flujo de caja positivo. Además de eso, tendrá más libertad en general cuando se trata de elegir las mejores empresas, ya que la subjetividad es una parte inherente de la inversión de GARP.

Además, querrá permanecer atento a las proporciones de P / E que exceden las que se buscan cuando se trata de invertir en valor, al tiempo que se asegura de que sean más bajas que las utilizadas con la inversión de crecimiento. Mientras que un inversor en crecimiento necesita una relación P / E que sea al menos 50 veces mayor que las ganancias, los inversores GARP buscarán en el rango de 15 a 25.

Capítulo 3: Comercio de patrones de nubes

El patrón de nube de Ichimoku es un tipo de sistema de inversión y gráficos diseñado específicamente para ser utilizado en prácticamente todos los mercados. Tiene varias características únicas, pero su principal fortaleza radica en el hecho de que utiliza múltiples puntos de datos diferentes como un medio para brindarle a la persona que lo utiliza una visión integral de la acción del precio actual. Esta visión más perspicaz, junto con el hecho de que es un sistema muy visual en general, facilita a los operadores separar rápidamente las operaciones potenciales con una baja probabilidad de éxito de aquellas que tienen más probabilidades de funcionar al final.

El patrón de la nube Ichimoku fue desarrollado por un periodista llamado Goichi Hosada que comenzó a desarrollar su sistema antes del comienzo de la Segunda Guerra Mundial. Trabajó en él durante casi 30 años antes de lanzarlo al público en 1968 en un libro que reveló la versión final del sistema. Desde entonces, ha sido ampliamente utilizado por los comerciantes asiáticos, aunque no llegó al oeste hasta principios de los 90, donde la mayoría lo relegó a un segundo plano debido a su aparente complejidad. Solo en la última década los comerciantes occidentales se dieron cuenta y comenzaron a aprovechar su utilidad.

Cuando se traduce, su nombre significa una tabla de equilibrio de un vistazo, que no solo describe el sistema con precisión sino que también describe cómo se usa. El patrón de nube Ichimoku usa cinco componentes o líneas separadas, no individualmente, sino más bien todos juntos para que sea tan fácil ver el panorama general cuando se trata de la acción del precio como sea posible. Como tal, un vistazo rápido a la tabla de Ichimoku debería ser suficiente para proporcionarle todo lo que necesita saber cuándo se trata de la fuerza y el impulso de una tendencia dada, así como el sentimiento detrás de ella.

La acción del precio generalmente se mide en función de la perspectiva de si está en equilibrio o no con el mercado en su conjunto. El gráfico Ichimoku funciona bajo el supuesto de que el mercado es un reflejo directo del comportamiento humano que se mueve a través de sus propios estados de equilibrio. Cada uno de sus 5 componentes proporciona su propio reflejo de este equilibrio.

Lo que sigue es una breve descripción de las cinco líneas de equilibrio diferentes y cómo se calculan. Se proporcionan detalles adicionales a continuación.

- Tenkan Sen: Esto se conoce como la línea de giro y se encuentra al observar los nueve períodos anteriores y sumar el máximo más alto y el mínimo más bajo antes de dividir por 2 para cada período.

- Chikou Span: Esto se conoce como la línea rezagada y se encuentra tomando el precio al cierre del período actual y desplazándolo hacia atrás 26 períodos.

- Kijun Sen: Esto se conoce como la línea estándar y se encuentra al observar los nueve períodos anteriores y sumar el máximo más alto y el mínimo más bajo antes de dividir por 2 para cada período.

- Senkou Span A: Esto se conoce como la línea inicial y se puede encontrar sumando el Kijun Sen y el Tenkan Sen antes de dividir entre 2 y luego finalmente desplazar la cantidad resultante hacia adelante 26 períodos.

- Senkou Span B: Esto se conoce como la segunda línea principal y se encuentra al observar los 52 períodos anteriores y sumar el máximo más alto y el mínimo más bajo antes de dividir por 2 para cada período y luego desplazar el resultado hacia adelante 26 períodos.

Configuraciones

Cuando se trata de Ichimoku gráfico, cada línea tiene una o dos configuraciones diferentes en función del número de períodos que está viendo en el momento. El número 26 se extrae del número de días en el mes comercial japonés estándar, el 9 proviene del número de días en una semana y media (menos el domingo) y el 52 representa dos meses. Si bien estos números obviamente no se alinean con el marco temporal de comercio de criptomonedas, siguen siendo efectivos y, por lo tanto, no deben cambiarse.

Tenkan Sen: cuando el Tenkan Sen es similar al promedio móvil simple de 9 períodos a primera vista, en realidad es una bestia muy diferente, ya que en realidad mide el mínimo más bajo y el más alto del precio promedio de los nueve períodos anteriores. El uso del promedio de precios extremos durante este período de tiempo permite proporcionar una mejor medida general de equilibrio en lugar de usar el promedio del precio de cierre durante el mismo período de tiempo.

Se sabe que el Ten Kan Sen suele ver períodos de tiempo en los que se aplana, mientras que el promedio móvil simple más tradicional no. Esto se debe al hecho de que el Tenkan Sen utiliza un par de promedios en lugar de solo el uno. Lo que esto significa es que si el precio varía, entonces se puede contar con el Tenkan Sen para mostrar claramente el punto medio del rango dado debido a su plenitud. Si es plano, esencialmente indica que los últimos 9 períodos carecen de cualquier tipo de tendencia fuerte.

En términos generales, esto lleva a una predicción más precisa del nivel de soporte de precios la mayor parte del tiempo. Definitivamente, este no es el caso si el precio sigue siendo más alto que el Tenkan Sen, mientras que al mismo tiempo se rompe por debajo de la acción de movimiento estándar actual varias veces seguidas. Esto se debe al hecho de que el Tenkan Sen tiende a ser más conservador en sus cálculos generales, lo que significa que reacciona menos a los movimientos de precios más pequeños en la mayoría de los casos. Además, si el gráfico termina siendo bajista, entonces el Tenkan Sen asumirá el papel de nivel de resistencia.

También es importante tener en cuenta que el ángulo que demuestra el Tenkan Sen también es útil cuando se trata de proporcionarle una idea del impulso relativo de los movimientos de precios individuales durante el período de 9 períodos. Si el ángulo es bastante empinado, indica que el precio subió en un ascenso casi vertical durante un período de tiempo muy corto, lo que significa que actualmente se está moviendo con mucho impulso. Si el aumento es más lánguido, significa que el precio sigue subiendo, pero lo está haciendo mientras solo gana un impulso mínimo.

El Kijun Sen y el Tenkan Sen miden tendencias más cortas. De los dos, el Tenkan Sen es más rápido debido al hecho de que se ve en 9 períodos en lugar de 26. Desafortunadamente, esto también lo hace menos confiable cuando se trata de determinar una tendencia precisa en el momento en comparación con los otros componentes de la tabla Ichimoku. Sin embargo, si el precio infringe la línea Tenkan Sen, esto debería considerarse como un fuerte indicador de que se están produciendo cambios, aunque aun así querrá confirmarlo de forma independiente antes de apretar el gatillo en cualquier operación persistente.

Kijun Sen: la línea Kijun Sen es una de las líneas más útiles de todas porque puede usarse para cubrir una amplia variedad de roles diferentes. En primer lugar, es una excelente medida de los altibajos individuales que una acción determinada puede experimentar en un período de tiempo general más largo que el Tenkan Sen, lo que naturalmente también lo hace más confiable de los dos. El Kijun Sen es especialmente útil si el precio parece estar variando, ya que puede usarse para determinar el punto medio vertical del rango actual.

Una vez que el precio ha pasado el primero de los precios de Kijun en el período de tiempo dado, puede esperar rápidamente que el Kijun Sen comience a moverse en la dirección de la nueva tendencia. Esto es útil, ya que permite medir tendencias más cortas en general, ya que luego puede medir observando la dirección en la que se está moviendo actualmente el Kijun Sen o, en cambio, considerando su ángulo en relación con el nivel general de fuerza y el impulso de la tendencia relacionada. Debido a su período de tiempo más largo, también funciona como un excelente medio de resistencia o soporte.

La mayoría de las veces puede esperar que el precio se fije en el Kijun Sen de manera repetible, moviéndose de un lado a otro a medida que el Kijun Sen tiende a ser muy receptivo al movimiento de equilibrio. Esto significa que si el impulso alcanza cualquiera de los extremos del espectro, el precio casi siempre seguirá rápidamente. En última instancia, esto conduce a un efecto de banda elástica que generalmente es visible cuando el precio regresa al reino del Kijun Sen, ya que probablemente continuará duplicándose hasta que recupere su equilibrio. Finalmente, el Kijun Sen con frecuencia hace un stop los efectivos o un punto de entrada, ya que casi nunca equivaldrá a un punto de alto riesgo.

Chikou Span: la línea Chikou Span es la más rara de todas las líneas que se ven en acción en un gráfico que también la convierte en una de las más interesantes. Este es el caso, ya que rara vez podrá elegir un punto en el que las líneas cambien singularmente en una dirección específica como un medio para obtener detalles adicionales sobre el estado actual del mercado. Para hacerlo, deberá encontrar el precio de cierre y luego desplazarlo hacia atrás 26 períodos para encontrar el patrón de la tendencia durante las semanas anteriores.

Si este ejercicio termina demostrando que el precio actual es el más bajo que ha sido durante el último mes, puede suponer con seguridad que se producirán más movimientos y que será bajista excluir cualquier desarrollo inesperado.

Más allá de simplemente iluminar una tendencia dada, el período de Chikou es extremadamente importante cuando se trata de encontrar los niveles específicos de resistencia y soporte en comparación con otros precios de cierre recientes. Esto se puede hacer simplemente agregando una línea horizontal a los puntos Chikou existentes para determinar cuáles son los niveles actuales, así como las mejores formas de aprovecharlos para avanzar.

Senkou Span A: Los vanos Senkou juntos son responsables de la nube de la que Ichimoku deriva su nombre. Esta es otra línea desplazada en el tiempo, excepto que esta línea se desplaza hacia adelante en el tiempo. Muestra el tramo tradicional del Kijun Sen, así como el Tenkan Sen, que finalmente permite determinar el equilibrio con bastante facilidad. En términos generales, también hace posible que los usuarios encuentren fácilmente la acción del precio futuro cuando se compara con lo que está sucediendo actualmente en el espacio.

Senkou Span B: Span B tiene la mayor cantidad de equilibrio de todas las diversas líneas de Ichimoku gracias al hecho de que tiene en cuenta tanto los máximos como los mínimos de los 52 períodos. Una vez hecho esto, querrá tomar esas medidas y adelantarlas 26 períodos adicionales para determinar qué es probable que suceda en el próximo mes. A partir de este punto, debería poder determinar más fácilmente el equilibrio en función de la cantidad de acción potencial del precio que probablemente ocurra, lo que debería hacer que sea más fácil de lo que sería tomar una decisión debidamente informada en el momento. Si bien aún puede tener éxito utilizando solo tramos Senkou, hacerlo tiende a limitar la efectividad de la nube Ichimoku en su conjunto y, por lo tanto, no se recomienda.

Pensamientos finales

Como regla general, debe tener en cuenta que el grosor total de la nube puede tener algunos significados diferentes. De hecho, la profundidad de la nube sirve para indicar el nivel actual de volatilidad que puede esperar del stock en cuestión, con una nube más gruesa que indica que la volatilidad se encuentra en niveles históricos. Para operar con éxito con este tipo de señales, deberá recordar que una nube espesa indica una mayor cantidad de resistencia o soporte dependiendo de las variables externas. Teniendo en cuenta este hecho, le será más fácil asegurarse de que su estrategia comercial sea adecuada para usted.

En términos generales, las nubes tienden a tener fondos planos o cimas planas, las cuales sirven para indicar su papel cuando se trata del equilibrio general. Si un Kijun Sen plano crea un efecto de banda elástica, entonces un tramo plano B hará lo mismo, ya que representa el punto medio de un precio específico en una tendencia dada basada en los datos de ese mes. Basado en el hecho de que el precio siempre se inclinará hacia su equilibrio, el tramo más plano B puede considerarse como una fuerte expresión de este tipo de equilibrio hasta el punto de que realmente se convierta en un tractor del precio.

Sin embargo, si la tendencia termina siendo alcista, entonces es probable que espere que el tramo B genere una nube más grande que incluya un fondo plano junto con una tendencia bajista que debería aparecer como una cima plana. Si tal cosa sucede, querrás asegurarte de ser cauteloso cuando se trata de operaciones que salen o entran en la nube.

Como ejemplo, si te encuentras saliendo de una nube alcista que incluye un fondo plano, en lugar de colocar tu orden de entrada a 10 pips debajo del Senkou Span B, querrás bajar aún más como una forma de evitar el tirón del Span B que también debería ayudar a minimizar el número total de brotes falsos que tiene que sufrir como resultado.

Capítulo 4: Comercio de acciones de precios

Si bien muchos operadores utilizan indicadores complicados que tienen que ver con la lectura de gráficos y el dibujo de figuras basadas en fórmulas complejas, como alguien que es relativamente nuevo en la idea de operar activamente, es probable que le funcione mejor comenzar con la acción del precio comercio en su lugar. Si bien algunos operadores pueden volverse locos por cualquier cosa que los operadores profesionales no estén usando actualmente, la realidad es que el comercio basado en indicadores solo funciona para los expertos porque ya han aprendido cómo compensar sus fallas. Como tal, si usted es nuevo en el proceso, entonces querrá comenzar con algo que se pueda entender fácilmente y trabajar para mejorar su porcentaje comercial antes de tener que preocuparse por encontrar formas más complicadas de elegir las acciones que desea en última instancia, el comercio.

En su forma más básica, la acción del precio puede considerarse como una forma para que un comerciante determine el estado actual del mercado basándose en la forma en que los precios están actuando actualmente en lugar de lo que tiene que decir una de las docenas de indicadores diferentes después del hecho. Por lo tanto, si usted es un operador que está interesado en comenzar lo más rápido posible, entonces, seguir con el comercio de la acción del precio, por ahora, puede ahorrarle mucho tiempo, ya que solo tiene que dedicar su tiempo y concentrarse en estudiar el mercado tal como está, es decir, el presente. Además, deberá enfocarse exclusivamente en el precio y solo el precio lo ayudará a evitar gran parte de la información innecesaria que circula constantemente en el mercado, bloqueando la estática y aumentando sus posibilidades generales de éxito.

Comenzando con fuerza: para determinar cuándo operar utilizando la acción del precio, necesitará utilizar la plataforma de negociación que vino con el corretaje que eligió y utilizar lo que se conoce como barras de precios. Las barras de precios son una representación de la información de precios durante un período específico dividido en intervalos semanales, diarios, de 1 hora, 30 minutos o 5 minutos. Para crear una barra de precios precisa, necesita el precio de apertura para el stock dado en el período de tiempo elegido, el máximo para el período de tiempo, el mínimo para el período de tiempo y el precio de cierre. Con estos datos, debe terminar con un cuadro con una línea que lo atraviesa (también conocido como vela). La línea representa el máximo y el mínimo del día, mientras que los bordes del cuadro muestran los precios de apertura y cierre.

Además de resumir la información para el período de tiempo en cuestión, también proporciona información relevante para sus propósitos. Esto incluye el rango de las acciones, que es una representación de cuán volátil es actualmente el mercado. Cuanto más grande es el cuadro en relación con la línea, más activo es el mercado actualmente y más volátil también. Cuanto más volátil sea el mercado actualmente, mayor será el riesgo que asumirá al hacer un movimiento específico.

Además del rango, tendrá que considerar la orientación física de la caja, si el precio de cierre está por encima del precio de apertura, entonces el mercado mejoró con el tiempo y si el cierre está por debajo de la apertura, entonces el mercado perdió valor. También querrá tener en cuenta el tamaño de la caja en su conjunto. Cuanto más grande es la caja, más fuerte es el mercado en general.

Lo que este tipo de estrategia le proporciona es una idea clara de cómo son los niveles de resistencia y apoyo para el período de tiempo en cuestión. Esto, a su vez, le permite elegir operaciones con un mayor grado de certeza. Todo lo que necesita hacer es tener en cuenta que si la demanda es más fuerte que la oferta, entonces el precio va a aumentar, y viceversa.

Barra de precios secundaria: si agrega una barra de precios adicional a su análisis existente, encontrará que ha creado un par de piedras angulares que le facilitarán probar el precio y garantizar que también tenga el contexto adecuado. Esencialmente, la segunda barra proporcionará una manera de determinar si los datos de la primera barra son realmente relevantes o simplemente un valor atípico irrelevante. Específicamente, es útil cuando se trata de cosas como determinar si una barra que parece ancha está realmente a la par con las otras barras del mismo período de tiempo.

Esto, a su vez, le permite describir la acción del precio de una manera más precisa de lo que sería posible. Además, tener una segunda barra de precios le permitirá determinar si el nivel de precios será suficiente para romper los niveles existentes de resistencia o soporte. Si la segunda barra muestra el mismo nivel de soporte o resistencia, entonces es poco probable que la acción del precio siga siendo lo suficientemente fuerte como para romperla. Además, si las dos velas tienen diferentes niveles de resistencia o soporte, es mucho más probable que se logre un avance de calidad.

Tercera barra de precios: una vez que agregue una tercera barra de precios, podrá confirmar su hipótesis existente de que agregar en la segunda barra le permitió crear. Esta tercera barra debería mostrarse mucho de tal manera que confirme completamente o niegue las expectativas que el mercado le presentó a ese punto. La idea aquí es que si un mercado ya es fuerte, continuará siéndolo, y si es débil, seguirá siendo débil .Si el mercado carece de inercia, entonces es posible que se materialice un cambio prácticamente en cualquier momento. Por lo tanto, es importante asegurarse de tener en cuenta que, incluso con tres barras, los resultados solo se aplicarán a corto plazo y tomar este patrón como algo diferente a corto plazo será un gran riesgo suponiendo que usted no lo haga. No haga un seguimiento adecuado.

Patrones de velas: uno de los tipos más comunes de patrones de velas es lo que se conoce como la línea negra larga o simplemente la mecha negra larga. Al trazar un patrón de vela, si ve la mecha larga y negra, debe saber que indica que el mercado está en un período bajista. Esto significa que durante el período de negociación que se está cartografiando, la moneda o los pares de monedas que está cartografiando se movieron hacia arriba y hacia abajo en un amplio rango durante todo el período que se está cartografiando. Además, puede indicar que el precio comenzó cerca del punto más alto del día y terminó en un punto mucho más bajo cerca del final del día.

Alternativamente, una mecha blanca larga indica un período en el que el mercado fue alcista, lo que significa que es exactamente lo contrario, en comparación con la mecha negra larga. En última instancia, esto significa que, si bien el precio de la moneda o las monedas en cuestión se movieron a través de varios períodos de rompecabezas, el resultado final resultó ser que el inicio del período vio precios más bajos, mientras que el final del período de negociación estuvo al tanto de precios más altos en general.

Este tipo de actividad también puede manifestarse a través de lo que se conoce como trompo. Un trompo tiene una pequeña mecha a pesar de que el precio de la moneda o las monedas en cuestión se movieron repetidamente durante un período de tiempo determinado, aunque la cantidad total de movimiento fue relativamente menor. Este tipo de mecha puede ser blanca o negra; y, si aparece, a menudo se entiende que el mercado no está seguro en general sobre la moneda o el par de divisas y su futuro.

Además, una mecha de vela doji puede verse como un signo más, una cruz invertida o una cruz regular, dependiendo del estado de ánimo del mercado. Sin un contexto adicional, una mecha doji será neutral y generalmente se forma cuando la cantidad en la que comenzó la moneda o el par de divisas es esencialmente la misma que cuando se cierra. A menudo se puede tomar como una señal de que pronto entrará en juego un patrón de reversión.

Estrategias de velas

Patrón de inversión de 3 barras: en primer lugar, solo querrá apuntar a acciones que tengan una fuerte tendencia en una dirección. En segundo lugar, la barra baja (tendencia bajista) o alta (tendencia alcista) debe ocurrir en medio de una vela. Finalmente, la barra final debe cerrarse por encima del máximo de las dos primeras velas. Con este estándar en su lugar, será dolorosamente obvio una vez que una tendencia dada se haya revertido.

Esta estrategia funciona en una variedad de plazos. Como ejemplo, suponga que está trabajando fuera del gráfico de 5 minutos antes de detectar una acción que alcanzó su punto más bajo y luego se revirtió bruscamente hacia arriba. La tercera barra de la serie se cerraría en un punto que es más alto que los máximos de las otras dos barras. Si bien puede avanzar si el cierre está por encima del máximo del candelabro del medio, es mejor saber qué está haciendo la tercera vela para un seguro adicional.

La estrategia de salida para este patrón es solo un promedio móvil simple o incluso un precio objetivo. Solo asegúrate de mirarlo de cerca y estarás bien. Una buena regla general con este patrón es una relación de riesgo y recompensa de 3 a 1 para el comercio. Además, es importante tener en cuenta que esta estrategia puede generar retornos rápidos sin importar la hora del día y en cualquier tipo de mercado.

En estos días, más y más operadores de día están tratando de fingir entre sí cuando se trata de operaciones específicas. Desafortunadamente, el patrón de inversión de 3 barras no es inmune a este problema. Una de las razones principales por las que falla el patrón de inversión de 3 barras es cuando la volatilidad no es lo suficientemente alta. Si el mercado está muy agitado, la información que está buscando no será más que una pausa en la acción general.

Esto significa que, en última instancia, no dará como resultado el tipo de subida o bajada que está buscando. Agregar métodos de confirmación adicionales antes de elegir su punto de entrada hará que sea más fácil evitar estas señales falsas.

Inversión de gancho: el patrón de inversión de gancho se encuentra con mayor frecuencia en gráficos con plazos más cortos. Pueden aparecer durante cualquier tipo de tendencia y son especialmente útiles cuando se trata de aprender sobre una nueva tendencia que marcará una inversión para el statu quo actual. Se sabe que este tipo de patrón aparece con un mínimo más alto y un máximo más bajo en comparación con las velas del día anterior. Puede distinguir este patrón del resto porque la diferencia de tamaño entre el cuerpo de la primera y la segunda barra es bastante pequeña en comparación con otros patrones similares.

Si este tipo de formas alrededor de una tendencia es positiva, entonces la apertura estará naturalmente más cerca del máximo anterior, mientras que el mínimo se formará cerca del mínimo anterior. Este patrón se asocia frecuentemente con otras posiciones más frecuentes ya que el cuerpo de la segunda vela a menudo se formará con el cuerpo de la primera vela. La fuerza que se puede atribuir a esta señal a menudo estará vinculada directamente a la fuerza general de la tendencia con una tendencia más fuerte que naturalmente tiene una señal más fuerte para emitir.

Inversión externa: este es un patrón de gráfico de precios que se puede ver cuando el máximo y el mínimo para un día determinado superan el máximo del día de negociación de la sesión anterior. Este patrón se conoce como un patrón bajista envolvente, suponiendo que la segunda barra muestre una tendencia bajista y un patrón alcista envolvente si la segunda barra es un patrón positivo. Este patrón es especialmente útil si está buscando un medio para identificar el movimiento de los precios en el futuro cercano, además de echar un vistazo al cuál será la tendencia relacionada. Por lo general, ocurre en el punto donde la primera barra de precios cae fuera del rango de la barra de precios anterior cuando su máximo está por encima del máximo anterior y el mínimo también. Como regla general, si la inversión externa ocurre en el nivel de resistencia, entonces la señal es bajista y si ocurre en el nivel de soporte, entonces es alcista.

Capítulo 5: Considere las existencias de dividendos

En pocas palabras, la inversión en dividendos es el tipo de inversión que le permite obtener grandes sumas de dinero de las inversiones que realiza. Los dividendos son el resultado de operaciones de alto rendimiento y le pagarán regularmente para poder ganar el dinero que necesita cuando está invirtiendo en diferentes tipos de cosas.

El mayor beneficio de la inversión en dividendos es que las personas que invierten en dividendos de una empresa pueden aprovecharla al máximo. Pueden recibir pagos regulares de la compañía, a diferencia de otros tipos de inversión que no son exactamente estables. Las personas que participan en la inversión de dividendos recibirán un retorno de su inversión de forma regular y por la cantidad de dinero que gana una empresa. En general, esta es una cantidad creciente y algo que muestra la salud de una empresa y cuánto pueden mejorar las cosas para las personas que han invertido en la empresa.

Cuando alguien invierte dividendos, generalmente lo hace con una compañía que se mantendrá estable en los próximos años. Las empresas que permiten la inversión en dividendos ya están establecidas y desean asegurarse de que las personas que invierten en la empresa puedan obtener la cantidad de dinero que desean. Por esa razón, siempre están trabajando para asegurarse de que sus acciones suban y que la empresa sea tan valiosa como a los inversores les gustaría que fuera.

Cuando una empresa tiene una gran ganancia, normalmente la dividirá en dos partes. Este es el aspecto del dividendo de la inversión. La compañía que lo divide en dos devolverá la mitad del monto de las ganancias al negocio y la otra mitad a las acciones del negocio, o a los bolsillos de esos inversores. Es importante tener en cuenta que cuando una empresa hace esto, lo hacen solo para ayudar a sus inversores y mostrarles que en realidad pueden obtener ganancias del negocio.

Fórmula de rendimiento de dividendos: no todos los dividendos en acciones se crean de la misma manera. El hecho de que una empresa pague un dividendo, o incluso tenga un historial de hacerlo regularmente, no significa que sus dividendos sean tan fuertes como podrían ser. La mejor manera de medir la calidad de los dividendos de una empresa es a través de lo que se conoce como la fórmula de rendimiento de dividendos. Esta fórmula es un cálculo que facilita determinar cuánto está pagando una empresa específica en comparación con el precio general de sus acciones.

Esencialmente, la ecuación implica tomar la cantidad del dividendo que una acción paga anualmente y dividirla por el precio que cada acción vale actualmente, para así, multiplicar el resultado por 100. La ecuación se ve así:

Rendimiento del dividendo = dividendo anual / precio actual de la acción x 100

Por ejemplo, suponga que una compañía paga $0,40 centavos por acción cada trimestre para un total de $1.60 por acción por año. Si el precio de sus acciones es de $30 por acción, entonces su rentabilidad por dividendo sería de poco más del cinco por ciento ($1.60 / $30 x 100).

Cuando se trata de determinar la cantidad de dividendos que está pagando una acción determinada, es importante tener en cuenta que los números más grandes no siempre son mejores, especialmente si el precio de una de las acciones en cuestión también es mayor. Esto es lo que hace que la fórmula de rendimiento de dividendos sea tan útil, ya que facilita la medición de cuánto flujo de efectivo se genera por cada dólar que se invierte en una acción determinada.

Como ejemplo, suponga que una compañía tiene un precio por acción de $100 y paga un dividendo total de $2 por año, mientras que una segunda compañía paga solo un dólar por año en total, pero su precio por acción es de solo $25. La segunda compañía es en realidad una oferta mucho mejor porque genera un dividendo del cuatro por ciento, mientras que la primera genera un dividendo de solo el dos por ciento. Esto significa que invertir en la segunda compañía generaría el doble de ganancias generales a largo plazo.

Elegir las empresas correctas: es una buena idea asegurarse de que está eligiendo todo de la manera correcta para que, cuando llegue el momento, realmente pueda sacar provecho de los dividendos. Elegir los correctos le permitirá hacerlo de forma más rápida y le dará la oportunidad de ganar aún más dinero.

- Beneficios: los beneficios de la empresa son lo más importantes que debe tener en cuenta al decidir si los elige o no para su inversión en dividendos. Una empresa necesita tener altas ganancias para que la elija y debe demostrar que van a tener estas ganancias durante mucho tiempo en el futuro. Es una excelente manera de asegurarse de que las ganancias vayan en la dirección correcta y asegurarse de que podrá ganar dinero con la inversión que realice.

- Tamaño de los pagos: siempre puede verificar el tamaño de los pagos que la compañía ha realizado en el pasado para averiguar qué tipo de pagos puede esperar de la compañía. Simplemente mirando el perfil comercial de la compañía, podrá ver cuánto pagan, con qué frecuencia y qué se deduce de las ganancias que han obtenido.

Cuando observa esta cantidad, debe considerar todos los aspectos de los pagos. Esto también incluye el monto de la inversión inicial. Compare esa cantidad con lo que planea invertir en la compañía y vea si los pagos valdrán la pena por lo que va a invertir en la compañía. Es importante asegurarse de que está viendo toda esta información como si realmente fuera a invertir   en   la   empresa.

- Historial de la empresa: al invertir, no es raro que la historia se repita, por lo que si una empresa tuvo problemas en el pasado, existe una alta probabilidad de que tengan problemas en el futuro. Tenga esto en cuenta cuando esté invirtiendo en la empresa e incluso cuando solo esté investigando las opciones que tiene cuando se trata de invertir en ella. Al observar el portafolio histórico de la misma, podrá asegurarse de aprovechar al máximo la experiencia y de ver qué sucede con la empresa para poder tomar decisiones más importantes sobre el futuro.

Comprar y mantener la estrategia

La estrategia de compra y retención es probablemente la estrategia más fácil que puede usar, pero también es muy efectiva. Como su nombre lo indica, la estrategia de comprar y mantener consiste en comprar un activo en particular y conservarlo a medida que aumenta su precio. Luego puede venderlo con ganancias. Aunque esta estrategia puede parecer muy simple, muchos inversores han obtenido millones de ganancias utilizando esta estrategia básica. Cuando se trata de seguir el principio de comprar bajo, vender alto, entonces la estrategia de comprar y mantener es el camino a seguir.

Es importante tener en cuenta que no debe usar esta estrategia a ciegas. Antes de comprar algo e invertir en él, primero debe estudiarlo y determinar si su precio probablemente aumentará o disminuirá en el futuro. Si después de una cuidadosa consideración de las circunstancias, parece que el precio de un activo en particular probablemente aumentará, entonces ese es el momento para que realice una inversión. Sin embargo, si es lo contrario, no dude en investigar más y buscar otra mejor inversión.

El factor clave a buscar es el valor. Busque algo que tenga un buen valor pero que actualmente tenga un precio más bajo de lo que merece. Si compra ese activo en particular hoy, entonces su precio probablemente aumentará en el futuro. Luego puede venderlo con ganancias.

Si está interesado en practicar este tipo de negociación, el mejor curso de acción es limitarse a un solo campo y luego aprender todo lo que pueda sobre el estado del campo actual.

Una vez que se ha realizado la inversión, se convierte principalmente en un juego de espera. Como se señaló anteriormente, la mayoría de las empresas en las que invierte terminarán perdiendo, algunas mantendrán una tasa de crecimiento estancada y las pocas restantes generarán ganancias. Dependiendo de la tasa de rendimiento que esté viendo, puede utilizar algunas de estas ganancias para reinvertir en una gran parte de la empresa en crecimiento o redistribuirlas en otras empresas, según sus objetivos y su calendario.

Suponiendo que tenga tiempo para esperar, esta estrategia tiene varios beneficios, el mayor de ellos es lo que se conoce como capitalización, que trata sobre la idea de que resulta importante reinvertir la mayor cantidad posible de sus ganancias iniciales en la inversión inicial. Un medio para maximizar sus resultados a largo plazo. Reinvertir tanto temprano como regularmente es crucial para maximizar sus ganancias a largo plazo y cuanto más tiempo tenga que dejar que las ganancias se acumulen sobre sí mismas, más poderosa será la fuerza de la capitalización.

Para comprender el verdadero potencial de la capitalización, considere a un estudiante universitario con un nuevo título de maestría en la mano y 40 años para la jubilación. Si quieren ser millonarios para cuando se jubilen, todo lo que necesitan hacer es ahorrar $900 por mes y asegurarse de que sus inversiones generen un retorno promedio de la inversión del 5 por ciento cada año. Sin embargo, si esa misma persona esperara 10 años para comenzar, necesitaría ahorrar $2,000 por mes para alcanzar la misma meta. Mientras tanto, si esperaban 20 años, tendrían que ahorrar más de $4,000 al mes para estar en el mismo lugar cuando la jubilación llegue.

Además de comenzar lo más rápido posible, es importante comprender sus hábitos de inversión personales para asegurarse de que sus hábitos personales ayuden, en lugar de obstaculizar sus inversiones. Ninguna estrategia será adecuada para todos y, para comenzar a eliminar algunos de la pila, lo primero que tendrá que hacer es considerar cuánto tiempo tiene hasta que quiera usar los fondos que tiene disponibles y con qué frecuencia querrá interactuar con ellos.

También será importante tener en cuenta sus objetivos cuando se trata de invertir, ya que pueden afectar fácilmente la estrategia final que elija seguir. Esto podría ser algo seguro, como mantener intacta su inversión inicial sin importar qué, o podría ser algo con un mayor riesgo y una posible recompensa. Los detalles en sí mismos no importan, lo que importa es que se tome el tiempo para identificar claramente su plan y luego seguirlo una vez que se haya instigado.

Dale tiempo: una vez que se compran acciones, tienden a querer saber cómo están haciendo en cuanto al rendimiento del mercado. Aunque controlar las existencias a diario también es un poco exagerado y es una buena manera de volverse loco, especialmente si considera todas las garrapatas del mercado que pueden suceder durante ese tiempo. Si su estrategia es retener las inversiones a largo plazo utilizando el enfoque de comprar y retener, entonces no tiene sentido que se cuelgue todos los días o incluso semanalmente sobre las dificultades de fijación de precios. Esa es una buena manera de romper su ética comercial y vender o acortar las acciones incluso antes de la hora señalada.

Dicho esto, aún debe verificar las inversiones mensualmente para ver cómo están. No solo mire la cartera para ver el valor actual. Debe verificar las empresas individuales cuyas acciones tienen acciones y buscar posibles problemas o indicaciones de bandera roja. Si hay discusiones en curso, por ejemplo, que puede haber una nueva administración entrando en la empresa y esto lo pone nervioso, entonces es posible que desee salir de la posición en lugar de arriesgarse y seguir adelante.

Si bien la compra de acciones podría parecer una de las perspectivas más desalentadoras, una vez que supere los primeros problemas, encontrará que es mucho más fácil de lo que creía al principio. Debe recordar que no existe una estrategia absoluta o perfecta para comprar acciones. Mucho de esto solo se basa en conjeturas educadas y específicas. Sin embargo, si está dispuesto a hacer la investigación y ser paciente, entonces tiene una buena posibilidad de llegar a la cima.

Capítulo 6: Considere las acciones Penny

El nombre de acciones Penny es la clasificación general dada a una amplia variedad de acciones que en realidad pueden negociarse a menos de $5.00 por acción. Además de ceñirse a cantidades más pequeñas por acción, estos tipos de acciones podrán cotizarse primero después de un proceso general mucho menos estricto de lo que lo harían con los intercambios más grandes. Esto significa que la compañía podría ser completamente sólida, simplemente no probada, o podría ser apenas más que una idea sin un plan de negocios que funcione, que es donde entra el riesgo de equilibrar la recompensa potencial. Sin embargo, el potencial de recompensa es grande, ya que el bajo precio de las acciones de centavo significa que fácilmente puede recoger suficientes acciones para ver un retorno significativo de una cantidad relativamente pequeña de movimiento positivo.

Si bien la recompensa puede ser excelente, el espectro que se cierne sobre todas las acciones de centavo es el hecho de que la mayoría de ellas finalmente terminan arruinadas antes de que generen algún tipo de retorno sustancial para sus inversores. A pesar de este hecho, el sorteo de las acciones Penny es evidente cuando se observa cuál es el rendimiento estimado en comparación con el de una acción similar de uno de los principales mercados. Como ejemplo, si tiene $1,000 para invertir y elige hacerlo en una acción mundana que genera una tasa de rendimiento promedio del 10 por ciento, luego de 50 años puede esperar ganar aproximadamente $120,000 por sus problemas. Sin embargo, en ese mismo período de tiempo, si logras invertir con éxito en acciones Penny, el total que podrías ganar durante este mismo período se duplica al 20 por ciento o casi $ 10,000,000 en total.

Las acciones Penny ofrecen muchas ventajas sobre las acciones negociadas en grandes bolsas. Estas son ventajas que son perfectas para un operador por primera vez, o incluso para un operador experimentado que simplemente está trabajando con un fondo de inversión más pequeño en general. Las acciones Penny ofrecen un mayor nivel de volatilidad, requieren un fondo de inversión más pequeño para comenzar y no son tan susceptibles a la manipulación de noticias e informes financieros.

La volatilidad es una cosa encantadora para un comerciante. Es la columna vertebral de cómo un comerciante gana dinero. No importa si un mercado es alcista o bajista; mientras haya movimiento en las acciones, habrá dinero para ganar. Es cuando las acciones están estancadas que las ganancias se vuelven esquivas. Piénselo de esta manera: un precio de acciones fluctuante significa que alguien siempre ganará dinero y alguien perderá dinero. Una acción que dice que el mismo precio no tiene ningún beneficio para el comerciante, ya que el dinero simplemente no cambia de manos.

El monto de compra para las acciones Penny es considerablemente más bajo que el monto inicial para otros tipos de negociación. Los inversores pueden comenzar con tan solo mil dólares, y un fondo de inversión de dos mil dólares es más que suficiente para posicionarse adecuadamente para el comercio de acciones Penny. Las cantidades iniciales requeridas para los intercambios más grandes son extremas en comparación y hacen que necesite una gran cantidad de ahorros para comenzar o que esté asumiendo grandes riesgos en cualquier operación individual.

El bajo precio de las acciones Penny también significa que puede hacer muchas más apuestas de las que haría en mercados más grandes. Un elemento de posicionamiento que a menudo se pasa por alto es lo arriesgado que se siente un comerciante con respecto a cualquier operación individual. Los operadores en intercambios más grandes que no tienen grandes cantidades de capital tienen menos probabilidades de correr los riesgos que necesitan para obtener una buena ganancia. Con las acciones Penny, este problema es inexistente y un comerciante podrá invertir con más confianza sabiendo que cualquier operación no tiene tanto riesgo financiero.

Capitalización de mercado: muchas de las empresas en este nivel tienden a ofrecer bienes en lugar de servicios e incluso pueden estar en un punto tan temprano que aún pueden considerarse en la fase de inicio, por lo que tienen la misma probabilidad de fracasar como la de ser exitosos; incluso con la afluencia de capital inversor que ofrece cotizar en bolsa. Como tal, el primer paso para determinar si una acción de centavo valdrá la pena es considerar lo que se conoce como capitalización de mercado.

Para determinar la capitalización de mercado de una empresa determinada, simplemente tome el precio actual de la acción y factorícelo en el número total de acciones disponibles. A modo de ejemplo, si una empresa determinada tiene un valor de acciones de $50, así como un total de 5 millones de acciones en el mercado, puede suponer con seguridad que esa empresa vale 250 millones de dólares.

Las empresas también pueden evaluarse en función de las expectativas que los inversores tienen para su futuro, además de, o a pesar de, sus ganancias. Las ganancias son el total que hizo una empresa, generalmente desglosado por trimestre, después de que se hayan pagado todos sus gastos. Se requieren las empresas públicas (los negociados en el mercado) para indicar los ingresos de una vez cada tres meses en lo que se conocen también como ganar temporadas. Luego, los analistas examinan detenidamente estos informes para que puedan tener una idea de cómo será el próximo trimestre. Si estos resultados estimados no terminan alineándose con las expectativas anteriores, entonces el precio de la acción caerá y si excede las expectativas, entonces aumentará.

Finalmente, la variable más complicada para controlar es la opinión pública. Históricamente, el mercado de valores está lleno de ejemplos de empresas que experimentaron precios de acciones extremadamente altos durante un período prolongado de tiempo sin generar ganancias visibles. Cuando se invierte en acciones en alza, la opinión pública puede valer su peso en oro, pero ponerlo por delante de los estados financieros reales siempre será riesgoso porque la opinión pública puede cambiar en un centavo. Decidir si está interesado en este tipo de acciones será uno de sus primeros períodos de contacto directo cuando se trata de riesgo y recompensa.

Elija el tipo correcto de stock Penny: ahora es el momento para que comience a trabajar en personalizar su enfoque de inversión y adaptarlo para satisfacer sus necesidades específicas. Las acciones Penny no son todas iguales. Sí, todos son productos de menor precio que son mucho más fáciles de invertir, pero después de eso, verá una amplia gama de diferencias. La mayoría entrará en una categoría específica como biotecnología, tecnología, recursos o transporte. Idealmente, para un principiante, solo debe elegir esas acciones en áreas de las que sabe algo. Una vez que haya decidido en qué industria desea comerciar, conozca los mercados, conozca el rango de precios de las acciones que se negocian y cualquier otra información que pueda tener un efecto en el precio.

Si elige una industria con la que está familiarizado, podrá evaluar mejor cómo los eventos de noticias y otros factores pueden tener un impacto en el precio de las acciones, en las que elige invertir. Recuerde, el conocimiento es poder, cuanto más sepa, menor será su nivel de riesgo en la inversión.

Deberá reunir mucha información para tomar una decisión informada. Toda la información está disponible, pero podría requerir una gran inversión de tiempo. Algunos prefieren contratar un servicio de investigación para desenterrar fragmentos jugosos de información para ayudarlo en su decisión de inversión. Independientemente de lo que elija hacer, ya sea que planee hacerlo usted mismo o planee contratar a alguien para que haga este trabajo duro por usted, la investigación es la clave para el comercio exitoso de centavos.

Los riesgos asociados con las acciones Penny

Además de los riesgos habituales que conlleva el comercio de acciones volátiles, aquí hay algunas cosas de las que puede no estar al tanto, incluso si no es un principiante completo:

Spam: Todos lo han visto y todos lo desprecian. Como inversor, el spam se puede encontrar no solo en la bandeja de entrada de su correo electrónico, sino que también se puede encontrar en muchos lugares en línea. Las acciones Penny tampoco son inmunes. Los estafadores ganan mucho dinero promoviendo acciones incompletas de centavo a inversores que pueden no saber que esta práctica existe.

Tenga en cuenta la dilución: a veces una empresa necesitará emitir acciones adicionales para ganar capital. Cuando esto sucede, generalmente conduce a la dilución de las acciones que ya tienen sus inversores, lo que significa que la acción disminuye en valor. Esto es un lugar común y no se considera en absoluto un trato sospechoso, pero es algo que los inversores deben tener en cuenta.

Aquí, hoy y mañana: las hojas rosas y el OTCBB no tienen que cumplir con los requisitos mínimos estándar para permanecer en el intercambio. Existen normas mínimas para proteger a los inversores y como una guía para las empresas que emiten acciones. Al comenzar, es posible que desee seguir operando en una bolsa importante porque tienen regulaciones establecidas que lo protegen a usted y a su inversión.

El apretón corto: esta es una situación complicada y calculada en la que un producto o una acción muy fuertemente en corto se mueve muy alto y hace que los vendedores cortos tengan que cerrar sus posiciones cortas, lo que solo aumenta la presión al alza repentina de la acción. El término "apretón corto" se refiere al hecho de que los vendedores cortos están siendo efectivamente "exprimidos" de su posición en el stock, y típicamente con pérdidas.

No hay suficiente información o historial disponible: las acciones Penny son conocidas por la dificultad de encontrar información e historial sobre ellas, lo que hace que sea aún más difícil tomar una decisión informada cuando se negocia. Si prestó suficiente atención a lo que funcionó para usted y lo que no funcionó cuando estaba negociando en papel y prestó atención a las advertencias y consejos de fuentes confiables como este libro, podrá tomar decisiones más informadas.

Tenga cuidado con la bomba y el vertedero: la estafa más infamemente común y ampliamente utilizada en el mundo de las acciones Penny se conoce como la bomba y el vertedero. Se utiliza como base para otras estafas de acciones de centavo y es altamente ilegal, pero aun extremadamente común. Los analistas y corredores corruptos utilizan tácticas de marketing engañosas para 'aumentar' artificialmente el precio de una acción que poseen para persuadir a los inversores sin experiencia en acciones Penny para comprar sus acciones.

Cuando los inversores inexpertos compran el bombo publicitario y las acciones, esto hace que los precios de las acciones aumenten, de manera significativa. Cuando la parte corrupta decide que el precio de sus acciones ha aumentado lo suficiente, venden sus propias acciones y obtienen grandes ganancias. El truco es que todavía están promocionando las acciones a los inversores novatos en acciones Penny y recalcando cuán buena sería la inversión, al mismo tiempo que están vendiendo sus acciones. Este tipo de venta de información privilegiada obliga a que el precio de las acciones caiga rápidamente y el inversor inexperto que no es consciente de la estafa se queda con acciones que no valen nada y terminarán perdiendo su dinero.

Es muy probable que tenga o se encuentre con una bomba y descargue estafa a través de su correo electrónico u otras vías en línea. Con el fin de promover rápidamente su stock, las estafas de bombeo y descarga a menudo usan frases urgentes como:

- "No quieres perder esta oportunidad"
- "Crecimiento fenomenal"
- "Gema oculta"
- "actuar ahora"

Las estafas de bombeo y volcado nunca le mostrarán ningún análisis real o información de administración, y si solicita estas cosas, será ignorado por completo o alguien le dirá que no tiene acceso a esa información en ese momento. Le están mintiendo y le están haciendo perder su tiempo.

Capítulo 7: Considere el comercio de opciones

Para aquellos que buscan llevar su nivel de interacción con el mercado de valores al siguiente nivel, el comercio de opciones es un excelente lugar para comenzar, ya que naturalmente también le permitirá respaldar sus inversiones existentes. En muchos sentidos, las opciones son como bonos o acciones, lo que significa que son valores que pueden negociarse con la esperanza de obtener ganancias basadas en la dirección en que se mueve el activo relacionado con la seguridad. Las opciones difieren tanto de las acciones como de los bonos en que cuando compra una, está comprando la capacidad de elegir si desea interactuar o no con el activo relevante a un precio específico durante un período de tiempo específico. Esto significa que si el mercado no se comporta como espera, tiene la capacidad de retirarse y perder solo una fracción de lo que haría si hubiera comprado el activo relacionado directamente.

Si bien esto puede sonar complicado, en realidad, este mismo proceso se usa todos los días cuando las personas que están interesadas en comprar una casa negocian un precio con un propietario que está interesado en vender su casa y llegan a un acuerdo sobre un precio, pero luego tienen que esperar a que el banco compre el préstamo hipotecario del comprador. A pesar de los cambios que pueda experimentar el mercado de la vivienda entre el momento en que se firma el contrato y el momento en que se aprueba el préstamo, el precio en cuestión está bloqueado siempre que el comprador decida actuar en consecuencia. Esto significa que podrían obtener un trato realmente bueno si el valor de la casa aumenta en el ínterin o podrían retirarse si el mercado de repente baja significativamente el precio. De cualquier manera, el comprador está protegido y tiene la opción de decidir lo que es correcto en el momento.

Poner opciones a trabajar para usted

Las opciones se usan generalmente de dos maneras principales, como una forma de especulación y como una forma de seguro. Aquellos que están interesados en probar su conocimiento del mercado contra sus realidades suelen estar interesados en la especulación, lo que significa que determinan en qué dirección es probable que se mueva el mercado en un período de tiempo específico y ganan dinero a través de las operaciones adecuadas si son correctos. Debido a los detalles del comercio de opciones, como se analiza a continuación, solo se necesita un pequeño cambio en los precios de los activos relacionados para crear pérdidas masivas o grandes ganancias, dependiendo del caso.

Por otro lado, las opciones se pueden usar como un tipo de seguro en otras inversiones más riesgosas, ya que se pueden comprar al precio de compra de una acción subyacente de riesgo que cree que tiene el potencial de aumentar drásticamente o disminuir significativamente. Con la opción correcta en su lugar, puede capear cualquier incertidumbre, ya que si la parte inferior se cae debajo del activo, aún tendrá un precio de venta que al menos evitará que pierda capital de inversión en el ínterin.

También querrá tener en cuenta los dos tipos principales de opciones diferentes: europea y estadounidense. A pesar de los nombres, las diferencias en las dos provienen de la libertad que le da al titular en comprar una opción. Las opciones estadounidenses se pueden ejercer desde el punto en que se compran hasta el punto en que expiran. Mientras tanto, las opciones europeas solo se pueden ejercer en el momento en que expiran, lo que las convierte en las más riesgosas de las dos por un margen justo. Tanto las opciones americanas como las europeas caen bajo la clasificación de opciones de vainilla, lo que significa que tienen tasas estándares y límites de tiempo, mientras que las opciones exóticas pueden variar en función de una amplia variedad de criterios que las hacen mejor para los principiantes.

Además de las opciones en sí, los operadores de opciones también se clasifican en función de su propensión a comprar (tenedores) o vender (escritores). Los escritores y titulares se especializan en Put y Call. En cada operación, el titular siempre tendrá más poder que el escritor, como si el titular decidiera actuar sobre la opción que el escritor tiene que vender, incluso si no le conviene hacerlo en el momento. Además, si los titulares se encuentran en un escenario en el que su plan no parece estar llegando a un acuerdo, pueden alejarse fácilmente y minimizar al menos sus pérdidas.

Conocer la jerga

Cuando se trata de opciones comerciales de manera efectiva, una de las primeras cosas que querrá hacer es familiarizarse con los términos comunes que los operadores de opciones probablemente usarán para asegurarse de que, incluso si no puede comerciar como un profesional, al menos puedas hablar como uno.

Precio de ejercicio: El precio de un activo subyacente dado en el momento en que se compra la opción se denomina como precio de ejercicio.

Ejercido: cuando el movimiento de un activo subyacente hace que las especificaciones de una opción dada sean favorables, entonces se ejerce o se aprovecha y la propiedad del activo subyacente cambia de manos.

Intercambio: si un titular ejerce una opción que el escritor considera que no vale el valor del mercado actual del activo subyacente, entonces puede intercambiar, lo que significa que esencialmente recompra las acciones del titular y las vuelve alistar porque cree que es un mejor trato disponible, incluso teniendo en cuenta los problemas adicionales. En total, aproximadamente el 50 por ciento de las operaciones caducan sin que se tome ninguna medida. Del 5 por ciento restante, solo el 10 por ciento en realidad se ejercita y el 40 por ciento restante termina siendo cambiado.

Listado: El proceso de creación de una nueva llamada se denomina listado de una opción. Las opciones enumeradas aparecen en los intercambios nacionales y se recomienda que solo trate con las opciones enumeradas hasta que pase la fase de principiante del operador de opciones. Si se trata de opciones de vainilla, puede esperar de manera realista que todas las opciones que encuentre incluyan 100 acciones de las acciones subyacentes en cuestión.

En el dinero: si una opción está actualmente en el dinero, entonces la acción subyacente a la que está vinculada se encuentra actualmente en un punto que está por encima de lo que inicialmente pagó por ella. Sin embargo, si está fuera del dinero en su lugar, entonces esto significa que anteriormente estaba en el dinero, pero ahora ha bajado a un punto en el que ya no es rentable. Si las acciones subyacentes están exactamente al precio al que las compró originalmente, la opción puede considerarse actualmente como el dinero.

Mayores influencias

Precio actual de las acciones: cuando se trata de cómo el precio actual de las acciones afecta las opciones relacionadas, los dos se mueven como se esperaba, aunque no existe una correlación de 1 a 1 entre ellos. En general, a medida que los precios suben, el precio de las llamadas aumentará, y el precio de las opciones de venta disminuirá; y ocurrirá lo contrario si el precio de las acciones subyacentes está disminuyendo.

Valor intrínseco: el valor intrínseco es la cantidad de valor que se garantiza que el stock subyacente mantendrá, incluso mientras el valor del tiempo continúa disminuyendo con el tiempo. Para determinar el valor intrínseco de una opción de compra, puede dividir el precio actual de las acciones subyacentes por ese precio después de restarle el precio de ejercicio de la llamada relacionada. Por el contrario, puede encontrar el valor intrínseco de una opción de venta restando el precio de la venta del precio actual de las acciones y luego dividiendo ese resultado entre el precio actual de las acciones.

El resultado, en cualquier caso, será un reflejo del tipo de ventaja que generaría ejercer la opción en cuestión. Esencialmente, puede verse como la cantidad mínima que obtendrá de la opción. Por ejemplo, si hay una compañía cuyas acciones se venden actualmente a aproximadamente $34.80, entonces una opción de compra de $30 se valoraría intrínsecamente a $4.80 porque $34.80- $30 = $4.80. Si esta fuera una opción de venta, entonces no tendría valor intrínseco porque $30- $34.80 = -4.80 y un valor intrínseco negativo es inherentemente 0.

Valor de tiempo: El valor de tiempo está relacionado con la cantidad de tiempo que le queda a una opción y puede considerarse más efectivamente como la probabilidad de que exceda la cantidad de su valor intrínseco. Para determinar el valor de tiempo de cualquier opción, simplemente tome el precio de la opción en cuestión y luego reste la cantidad de su valor intrínseco. Como regla general, espere que sus opciones pierdan alrededor del 30 por ciento de su valor en el primer 50 por ciento de su tiempo en el mercado y que el otro 70 por ciento disminuya durante el resto de su tiempo.

Por ejemplo, suponga que la opción tiene un precio de $14. Esto significaría que su prima es $4 más que su valor intrínseco inicial, que es donde entra en juego el valor del tiempo. El valor de tiempo es la prima agregada a una opción existente que representa cuánto tiempo queda hasta el vencimiento. El precio del tiempo está influenciado por varios factores, incluido el tiempo hasta el vencimiento, el precio de ejercicio, el precio de las acciones y las tasas de interés. Sin embargo, ninguno de estos será tan significativo para el precio como la volatilidad implícita.

La volatilidad implícita de un activo subyacente dado que representa la volatilidad general esperada para el activo subyacente durante toda la vida de la opción. A medida que cambian las expectativas de lo que podría equivaler la opción antes de que expire, la prima reaccionará de manera apropiada. En general, el aumento y la caída de la volatilidad implícita servirán para determinar el valor del tiempo para una opción determinada.

Modelos de precios opcionales

La volatilidad implícita se puede determinar utilizando una variedad de modelos de precios de opciones diferentes. De hecho, es el único factor en el modelo que no se puede observar directamente dentro del mercado mismo. En cambio, el modelo de precios de opciones requiere el uso de factores adicionales para facilitar la determinación de la prima de la opción junto con su volatilidad implícita. Encontrará calculadoras para determinar los resultados de estos modelos de precios en su plataforma de negociación de opciones

Modelo de fijación de precios de Black-Scholes: esta fórmula, también conocida como modelo de fijación de precios de Black-Scholes-Merton, fue el modelo de fijación de precios diseñado para la fijación de precios de opciones. Solo es efectivo con las opciones europeas y tiene en cuenta la volatilidad esperada, el tiempo de vencimiento, las tasas de interés anticipadas, el precio de ejercicio, el precio de los activos y los dividendos esperados. Creado por un trío de economistas en la década de 1970, este modelo de precios determina con precisión los valores de los derivados.

Modelo binomial: el modelo de precios binomial utiliza un diagrama de árbol que tiene en cuenta la volatilidad en todos los niveles para mostrar a los comerciantes todos los caminos posibles que puede tomar el precio de una opción. Luego funciona hacia atrás para determinar con éxito el precio más probable. El mayor beneficio de este tipo de modelo es que puede usarlo para volver a visitar fácilmente cualquier posible punto de posibilidad, para que conozca el precio de ejercicio ideal para cualquier punto antes del vencimiento de la opción.

Capítulo 8: Estrategias de negociación de opciones iniciales

Si bien saltar al mundo del comercio de opciones a menudo puede significar absorber bastante información en un período muy corto de tiempo; afortunadamente, hay una serie de estrategias simples que los nuevos operadores pueden usar para mejorar sus retornos y disminuir su cantidad relativa de riesgo.

Compra / escritura: a veces denominada la opción de compra cubierta, esta estrategia funciona cuando el comerciante compra acciones de una acción subyacente y, al mismo tiempo, genera una llamada que es igual al número total de acciones subyacentes que posee. Esta estrategia es ideal para los operadores que ya han invertido en el mercado de valores y están buscando una forma de apuntalar lo que pueden ser elecciones previamente cuestionables, ya que las opciones asegurarán que pueda generar una prima incluso si las otras apuestas se colocan en el la inversión no paga exactamente. Esta es una forma especialmente viable de garantizar que las inversiones a largo plazo sigan siendo viables, ya que la opción garantizará un precio rentable durante el tiempo que dure su existencia. Esto hace que la estrategia de llamadas cubiertas sea ideal para LEAPs, índices futuros y fondos cuya compra se facilitó por margen.

Put de protección: para comenzar a utilizar esta estrategia, lo primero que debe hacer es comprar al menos 100 acciones de una acción subyacente antes de generar un número igual de Put. Si se siente optimista sobre el precio de las acciones subyacentes, esta es una gran estrategia, ya que le ayudará a mantener las pérdidas a corto plazo al mínimo. Una opción de venta protectora es llamada así porque le ayudará a garantizar que sus pérdidas a corto plazo sigan siendo mínimas al crear esencialmente un piso que garantice que el precio de la acción en cuestión solo caerá hasta ahora antes de que la opción de venta lo corte. Este es uno de los mejores recursos para minimizar la incertidumbre del mercado en general, lo que a menudo lo convierte en una opción atractiva desde el principio para los nuevos operadores.

Como regla general, los Puts protectores son menos riesgosos que los Puts generados por sí mismos, lo que los convierte en un lugar ideal para probar las teorías de Trading en el mundo real, donde los resultados se controlarán tanto como sea posible. Lo que es más, esta estrategia también asegurará que siempre tenga acciones disponibles en caso de que algo se ejercite inesperadamente.

Llamada cubierta: también conocida como la estrategia de compra y escritura, una llamada cubierta implica la compra de activos y al mismo tiempo escribir una llamada sobre los activos que se venden. Para que esta estrategia funcione correctamente, debe poseer la cantidad del activo en cuestión igual a la cantidad de activos en la opción de compra que cree. Esta es una excelente posición para usar si tiene una posición separada a corto plazo, así como una opinión que es neutral con respecto a los activos en cuestión y también está buscando generar una prima por bonificación .Esta también es una buena opción cuando se trata de proteger contra una disminución en el valor del activo en cuestión. Las llamadas cubiertas se pueden usar para LEAPS, índices futuros y en fondos negociados en bolsa que se compran en un margen.

Puestos casados: en este tipo de estrategia, compraría un número determinado de acciones de una acción subyacente específica antes de comprar una opción de venta por el mismo número de acciones. Esta es una estrategia ideal a seguir si eres optimista con respecto al precio del activo en cuestión y buscas evitar pérdidas a corto plazo en sus ganancias. Esta es una buena manera de generar un piso artificial para protegerse contra una caída drástica del precio. Si bien nunca es beneficioso poner dinero en un activo dado con el supuesto de que colapsará en un futuro relativamente cercano, las opciones para casados son una excelente manera de garantizar las inversiones existentes contra las incertidumbres del mercado y minimizar la incertidumbre siempre es la opción correcta.

Si bien no es ideal en todos los escenarios, si se toma el tiempo de usarlos con moderación, y en los momentos correctos, encontrará que son una herramienta poderosa para su éxito continuo en el comercio de opciones. Es importante comenzar siempre cada transacción potencial con la expectativa del riesgo potencial en cuestión y luego tener en cuenta los costos adicionales relacionados con los posibles puestos casados en consecuencia.

Diferencial de llamadas alcistas: para utilizar esta estrategia, querrá comenzar comprando una opción de compra a un precio de ejercicio que considere beneficioso. Luego querrá vender una cantidad similar de llamadas a un precio de ejercicio más alto. Ambas llamadas deben tener el mismo activo subyacente y el mismo marco de tiempo. Esta es una estrategia útil para usar si es optimista sobre la fortaleza del activo subyacente en cuestión y su investigación indica que es probable que el precio aumente en el marco de tiempo que ha elegido.

Esta estrategia también se conoce como un diferencial de crédito vertical porque tiene un par de piernas no coincidentes. Las piernas que se venden cerca del dinero generan un diferencial de crédito que generalmente contiene un crédito neto junto con un valor de tiempo positivo. Por otro lado, se crea un diferencial de débito con una opción corta que termina más lejos del dinero que cuando comenzó. En general, esta estrategia se considera una compra neta.

Bear Put Spread: el Bear Put Spread es similar al Bull Call Spread pero se usa en circunstancias opuestas. Específicamente, comienza comprando un par de opciones de venta, una a un precio de ejercicio más alto y otra a un precio de ejercicio más bajo. Querrá comprar un número igual de cada uno y asegurarse de que tengan el mismo activo y marco de tiempo subyacentes. Esta estrategia es útil cuando se siente bajista sobre el activo subyacente en cuestión, ya que le ayuda a limitar sus pérdidas si está incorrecto sobre la forma en que se mueve el mercado. Sin embargo, esta estrategia debe usarse con precaución, ya que sus ganancias generales se limitarán a la diferencia entre las dos opciones de compra que compró menos el costo de las tarifas de transacción.

El momento ideal para usar un spread de venta bajista es si está interesado en vender en corto un activo subyacente y usar una opción de venta más común no parece ser la opción correcta. Los encontrará útiles si está interesado en especular que los precios están en una tendencia a la baja y no desea invertir una mayor cantidad de capital esperando que ocurra lo peor. Cuando se utiliza un spread para poner oso, literalmente está planeando lo peor mientras espera lo mejor.

Collar protector: la estrategia del collar protector se puede ejecutar comprando una opción de venta que ya no tiene dinero. A partir de ahí, querrá escribir una opción de compra secundaria que se base en el mismo activo subyacente y que también esté fuera del dinero. Esta estrategia es útil si ya ha tomado una posición larga en un activo subyacente que ha visto una serie de fuertes ganancias en el pasado reciente. El uso de un collar protector le permite asegurarse de que el nivel actual de ganancias se mantenga estable, al tiempo que conserva el control del activo subyacente en caso de que continúe su tendencia positiva.

Utilizar un collar protector es tan fácil como asegurarse de que el contrato para la opción de venta que compró tenga un precio de ejercicio que es más que probable para garantizar que conserve la mayoría de las ganancias que obtuvo durante el proceso. A partir de ahí, podrá financiar la estrategia de collar utilizando la opción de compra que ha escrito siempre y cuando esté seguro de que se relaciona con el dígito específico. Esta estrategia es particularmente útil ya que le permite mantener fácilmente sus ganancias mientras que al mismo tiempo solo aumenta sus costos adicionales en una cantidad mínima. Además, esta es una excelente manera de mover fondos para fines fiscales, ya que cualquier opción que transfiera no necesita contabilizarse hasta que haya sido comprada o vencida.

Straddle: esta estrategia es efectiva en un mercado alcista o bajista y se puede utilizar para ir a largo o corto. El Straddle largo puede ser extremadamente efectivo si siente que el precio de un activo subyacente dado se moverá significativamente en una dirección, simplemente no sabe en qué dirección será en última instancia. Para utilizar esta estrategia, deberá comprar una opción de venta y una opción de compra, ambas utilizando el mismo activo subyacente, precio de ejercicio y plazo. Después de que el largo Straddle se haya creado con éxito, se le garantizará generar ganancias si el precio en cuestión se mueve en cualquier dirección antes de que expire.

Por otro lado, si está interesado en utilizar un Straddle corto, querrá vender una llamada y una opción de venta con los mismos costos, plazos y activos subyacentes. Esto le permitirá beneficiarse de la prima, incluso si todo lo demás no resulta tan bien como le hubiera gustado. Esta ganancia garantizada significa que esta es una estrategia particularmente útil si no espera ver mucho movimiento en cualquier dirección antes de que expire la opción. Sin embargo, aún es importante recordar que las posibilidades de que esta estrategia tenga éxito están directamente relacionadas con las probabilidades de que el activo subyacente se vaya a mover en primer lugar.

Estrangular: esta estrategia es efectiva en un mercado alcista o bajista ya que, funcionalmente, es similar a un estrangulamiento, excepto que a menudo es más barato ejecutarlo ya que está comprando opciones que ya están fuera del dinero. Como tal, normalmente puede pagar hasta un 5% por ciento del costo de un Straddle por un estrangulamiento que hace que sea aún más fácil jugar a ambos lados de la cerca. Por lo general, un estrangulamiento largo es más útil que un Straddle corto porque ofrece el doble de la prima por la misma cantidad de riesgo.

Para utilizar el largo estrangulamiento correctamente, querrá comprar una llamada junto con una opción de venta que se basan en el mismo activo subyacente con el mismo plazo y precios de ejercicio diferentes. El precio de ejercicio de la llamada deberá estar por encima del precio de ejercicio de la opción de venta y ambos deberían estar fuera del dinero.

Spread (Butterfly): Si bien todas las estrategias anteriores requieren pares de opciones o posiciones específicas, el Spread de la mariposa lleva las cosas a otro nivel al combinar las estrategias de Spread y Bull para generar 3 precios de ejercicio diferentes. Para aclarar, comienza comprando una llamada de la manera más barata posible mientras vende simultáneamente otras 2 llamadas relacionadas con la misma acción subyacente a un precio más alto y luego vende una tercera llamada al precio más alto de todos. Esto asegurará que esté seguro de encontrar ganancias en numerosos puntos de la vida de las opciones a medida que crecen las acciones subyacentes. Este tipo de diferencia también puede facilitar el beneficio cuando el mercado parece estar en una fase neutral.

El momento más efectivo para usar una extensión de mariposa es cuando espera que el stock subyacente aumente, pero no está seguro de cuánto. Los precios de ejercicio múltiples aseguran que verá un beneficio siempre que sea correcto, y no tiene que preocuparse si adivina demasiado bajo o demasiado alto. Al decidir si utilizar o no el diferencial de mariposa, es importante hacerlo solo cuando la volatilidad de las acciones subyacentes sea relativamente baja, ya que cuanto mayor sea la volatilidad, mayor será el costo final de la operación. La desventaja de la estrategia de la mariposa es que vas a apostar todo cuando se trata de apostar a que la acción subyacente se moverá en una determinada dirección, lo que significa que si el comercio se vuelve agrio, estás fuera 3 veces más de lo normal.

Cóndor de hierro: para utilizar esta estrategia correctamente, querrás mantener una posición corta y una posición larga en un par de estrategias de estrangulamiento para aprovechar al máximo un mercado que se mueve muy poco. El par de estrangulamientos que desea usar debe estar compuesto por uno largo y uno corto, ambos a la longitud del golpe externo. Alternativamente, podría tener un par de diferenciales de crédito, un diferencial de compra que está por encima del precio de mercado actual y una opción de venta que está por debajo del precio actual.

Si planea usar el cóndor de hierro, es importante hacerlo solo cuando se trata de opciones de índices, ya que tienen suficiente volatilidad para generar ganancias, pero no lo suficiente como para hacer que los nuevos operadores pierdan sus camisas antes de lo prudente para el proceso de aprendizaje. Además, es importante evitar tener una pérdida total en un cóndor de hierro, ya que el potencial de pérdida en estas situaciones es significativamente mayor que aquellos con muchas de las otras estrategias relativamente más seguras. Si el mercado fluctúa normalmente, entonces no necesita preocuparse, si comienza a moverse fuertemente en una dirección, es importante estar preparado y salir según sea necesario para evitar mayores pérdidas.

Iron Butterfly: para utilizar esta estrategia, debe crear un Straddle corto o un Straddle largo al mismo tiempo que compra (o vende) un estrangulamiento. Si bien puede parecer similar a la propagación básica de la mariposa, esta estrategia en realidad usa tanto Put y Call en lugar de simplemente usar uno u otro. En este caso, la pérdida y el beneficio están igualmente limitados a un rango preciso establecido por los usos de los precios de ejercicio. Este es un buen momento para usar opciones que están fuera del dinero para minimizar el riesgo personal y el costo.

Una mariposa de hierro adecuada debe incluir un par de opciones que se establecen en el punto medio de golpe que crea el Straddle corto o el Straddle largo en función de las opciones que se venden o compran. Las alas de la mariposa provienen del par de opciones a los precios de ejercicio más bajos y más altos que se generan después de la venta del estrangulamiento en cuestión. Esto, a su vez, compensa las posiciones cortas o largas que limitan la cantidad de ganancias o pérdidas que finalmente verá.

Estrategia de reparación de existencias: esta es una excelente estrategia para emplear si ya compró acciones que son opcionales y está atrapado en una situación en la que está viendo cómo disminuye su valor sin un recurso claro para rectificar la situación. Si la acción que compró no era procesable, entonces todo lo que podría hacer es conservarla con la esperanza de que las cosas cambien o se dupliquen con la intención de obtener ganancias en un punto de equilibrio más bajo. Afortunadamente, con acciones opcionales, también tiene una tercera alternativa.

Como ejemplo, considere que comenzó con 100 acciones de una acción que compró por $50 por pieza solo para ver cómo caen al precio actual de $40 cada una. No está dispuesto a invertir nada más en esta acción y tiene miedo de correr más riesgos a la baja. Una vez que esté listo simplemente para alcanzar el punto de equilibrio, es hora de iniciar la estrategia de reparación de existencias.

Para comenzar, querrá comprar una sola opción de compra de 60 días en la acción al precio de $40 por $3, mientras que también vende 2 opciones de compra de 60 días a $1.50. Es importante tener en cuenta que el diferencial no le costará ningún crédito o débito. Esto se debe a que el costo de las llamadas que compró a una tasa de $3 por cada 100 acciones por un total de $300 se compensará por completo con la prima que se genera por la venta de las llamadas escritas a una tasa de $1.50x2x100 por un total de $300.

La compra de la llamada de $40 le dará la oportunidad de comprar otras 100 acciones al precio de $40, mientras que las 2 llamadas de $45 significarán que tiene que vender 200 acciones a $45 si se le asigna. Si bien actualmente solo tiene 100 acciones, puede ejercer la llamada larga de $40 para generar las acciones adicionales requeridas y ganar $5 por acción con una ganancia relativa de $500 que cubriría la asignación.

Capítulo 9: Otras opciones

Fondos indexados

Cuando se trata de elegir el fondo índice ideal para comenzar, lo primero que debe tener en cuenta es el nivel de riesgo con el que se siente cómodo, el tiempo que planea invertir y sus objetivos generales para la inversión a corto y largo plazo. Dependiendo de la respuesta, deberá decidir si está buscando un fondo indexado que cotice en bolsa. Si no está seguro de cuál es la opción correcta para usted en este momento, considere lo siguiente:

- Si todas sus metas son a largo plazo, entonces un fondo mutuo indexado es probablemente la mejor opción. A menudo puede encontrar variaciones locales de esta cuenta que vienen con tarifas de transacción cero.

- Si desea algo que sea más activo, entonces un fondo que se cotiza en bolsa suele ser la mejor opción, ya que se negocian de la misma manera que negociaría acciones. Esto te deja con más control en general, ya que tienes voz y voto cuando se trata de ingresar operaciones específicas, así como también los límites que estableces. También tendrá una mayor variedad general para elegir, ya que no se limitará a un solo índice.

Una vez que sepa qué tipo de fondo está buscando, lo siguiente que debe hacer es considerar la relación de gastos de los que le llaman la atención. Más allá de eso, también querrás asegurarte de que el fondo que elijas rastree con éxito el índice en cuestión.

Para asegurarse de que este sea el caso, querrá hacer un seguimiento de las acciones que el índice rastrea por su cuenta y luego compararlo con el rendimiento del índice para ver cómo se acumula.

También es importante comprender que el hecho de que un índice pueda parecer tentador no significa que sea la mejor opción para usted, lo que significa que deberá asegurarse de que coincida con sus objetivos de inversión actuales. Si está más interesado en el crecimiento especulativo, entonces un índice con un pequeño límite es una buena opción. También es importante entender que solo porque se dice que un índice minimiza el riesgo no significa que esté completamente libre del riesgo como resultado. Recuerde, los índices pueden ser tan volátiles como el mercado en general.

Estrategia de retroceso: para implementar adecuadamente esta estrategia, es importante que pueda determinar un patrón probable para que el precio de la acción continúe con tendencia. Para aprovechar este hecho, espere cada aumento de precio antes de la disminución inevitable que se produce cuando algunas personas venden y otras intentan comerciar lo contrario. Usted vende al alza y utiliza las ganancias para recomprar en un aumento de las acciones bajo el supuesto de que volverá a subir. Luego simplemente repite hasta que ya no esté seguro del aumento.

Esta estrategia solo funcionará de manera efectiva cuando haya algo lo suficientemente importante como para causar ondas en todo el mercado que no se sientan todas a la vez. Esta estrategia será menos efectiva cuanto más inseguro esté sobre los saltos adicionales en el precio, por lo tanto, siempre debe usarse con cuidado. Puede verse tentado después de ver un solo gran salto de una acción para probar y utilizar esta estrategia, pero tenga cuidado de usarla con frivolidad. Manténgase fuerte y obtendrás ganancias.

Estrategia de reversión: esta estrategia se utiliza mejor cuando, por lo demás, hay poco movimiento en términos de movimiento del mercado. El objetivo aquí es encontrar niveles de precios ideales que luego se utilizarán para negociar tan pronto como llegue un aumento de precios. Estos aumentos rápidos no proporcionarán mucho en términos de rentabilidad sustancial, sino que se utilizan para aprovechar los períodos en los que no hay mucho comercio. Al implementar esta estrategia, es importante asegurarse de que no haya noticias acerca de irrumpir en un campo determinado o incluso en uno que esté adyacente al campo en el que se encuentra su stock, ya que eso puede arruinar fácilmente sus planes.

Considere los ETF

Un ETF, o fondo cotizado en bolsa, es un valor negociable que rastrea un índice bursátil, una mercancía, bonos o una canasta de activos. Aunque son similares en muchos aspectos, los ETF difieren de los fondos mutuos porque las acciones cotizan como acciones comunes en una bolsa. El precio de las acciones de un ETF cambiará a lo largo del día a medida que se compren y vendan. Los ETF más grandes generalmente tienen un volumen diario promedio más alto y tarifas más bajas que las acciones de fondos mutuos, lo que los convierte en una alternativa atractiva para inversores individuales.

Si bien la mayoría de los ETF en el mercado actualmente rastrean los índices bursátiles, también hay ETF que invierten en mercados de productos básicos, bonos y otras clases de activos. Muchos ETF incluso tienen la opción de que los inversores utilicen estrategias de cobertura, especulación o ingresos. Los accionistas de un ETF reciben cada uno una parte de las ganancias en proporción al número de acciones que poseen. Esto significa que tienen derecho a intereses o dividendos, e incluso pueden ganar valor residual si el fondo se liquida.

Otro beneficio del ETF es que es más eficiente desde el punto de vista fiscal que un fondo mutuo. Esto se debe al hecho de que la compra y venta que se realiza se realiza a través de un intercambio, lo que significa que el patrocinador de la ETF no tiene necesidad de canjear sus acciones cada vez que un inversor elige vender o emitir acciones cuando un nuevo inversor lo desea. Para comprar del mismo modo, el canje de acciones de un fondo específico en realidad puede desencadenar una obligación tributaria, lo que significa que cotizar las acciones a través del intercambio también mantendrá bajos los costos impositivos. Cuando se trata de un fondo mutuo, por otro lado, cada vez que un inversor vende sus acciones, lo vuelve a vender al fondo, lo que significa que los accionistas del fondo deben pagar la penalidad fiscal resultante.

Pros y contras: los ETF también ofrecen una variedad de beneficios además de costos razonables y una evasión fiscal eficiente. De hecho, simplemente al poseer una EFT para una acción indexada, recibe todos los beneficios de la diversificación que obtiene con un fondo indexado junto con la capacidad de vender en corto y utilizar el margen al máximo. Incluso si solo compra una acción, rara vez hay depósitos mínimos de los que preocuparse. Además, algunos corredores incluso dejarán de operar con comisión cero en ciertos ETF, lo que lo convierte en una excelente manera de ingresar con muy bajo riesgo.

Sin embargo, también es importante recordar que ninguna forma de inversión es gratuita, lo que significa que algunas serán mejores ofertas que otras. Algunos incluso pueden ofrecer una mayor concentración de una acción o activo específico. Después de todo, no hay garantías de que solo porque hayan cumplido previamente las expectativas signifiquen que continuarán haciéndolo. Esto ha llevado a los ETF a desempeñar un papel importante en los accidentes repentinos en el pasado, eso incluye las graves caídas del mercado en febrero de 2018, agosto de 2015 y mayo de 2010.

Swing Trading

En términos generales, el comercio oscilante se encuentra en algún lugar entre el comercio diario y no tanto como el comercio de inversión, ya que las posiciones tomadas rara vez duran más de dos semanas. Con el comercio oscilante, el objetivo es identificar la tendencia general que la acción probablemente tomará y luego capturar las ganancias dentro de esa tendencia.

Los comerciantes exitosos tienden a trabajar la tendencia principal que presenta un gráfico en un momento dado. También hay oportunidades de negociación oscilante que se manifiestan cuando una acción específica comienza a moverse hacia adelante y hacia atrás entre los puntos de soporte y resistencia, y los operadores oscilantes tomarán posiciones largas cuando el precio alcance el nivel de soporte y posiciones cortas cuando se acerque al nivel de resistencia.

Operaciones Alcistas: Debido al hecho de que los precios del mercado de valores rara vez se mueven en línea recta, los operadores alcistas generalmente necesitan buscar el movimiento ascendente inicial como la parte principal de una tendencia antes de esperar una reversión, también conocida como una contra-tendencia. Una vez que esta contra-tendencia haya completado con éxito su arco, debería haber una reanudación del movimiento ascendente. Deberá entrar en un comercio alcista solo una vez que la tendencia del contador haya terminado y la tendencia alcista se haya reiniciado.

Con esto fuera del camino, debería ser capaz de determinar el momento ideal para ingresar a una operación específica al aislar el movimiento relevante de la tendencia contraria. Una buena manera de hacer esto es determinar cuándo la acción cotiza a un precio que es más alto que el máximo anterior. El punto de entrada que debe encontrar probablemente será comparable al punto de precio de los días anteriores.

Operaciones Bajistas: aunque rara vez es tan fácil de predecir las tendencias alcistas; las tendencias bajistas tienden a seguir los mismos patrones solo a la inversa. Probablemente se moverán en un patrón descendente, alcanzarán un punto de retroceso, retrocederán y repetirán. Después de que esto haya sucedido varias veces, será mucho más fácil de ver. Durante todo este tiempo, debería ser posible ver el retroceso bajista y las manifestaciones que se forman como una tendencia contraria.

Las tácticas que son útiles cuando se trata de una tendencia positiva suelen funcionar de igual manera con una tendencia negativa. También solo querrá entrar en un intercambio bajista después de que esté claro que el movimiento a la baja es en realidad la tendencia.

Conceptos básicos de comercio del Swing Trading:

* Apéguese a las acciones de gran capitalización: cuando se trata de ser un comerciante de Swing exitoso, es imposible hacerlo sin atenerse a los tipos correctos de acciones. Los mejores candidatos para intercambios comerciales serán aquellos de la variedad de gran capitalización, que tienden a ser aquellos que ven algunos de los intercambios más activos en los principales intercambios. Suponiendo que el mercado esté actualmente activo, estas acciones se moverán entre un par de extremos bien definidos que le brindan, como operador de Swing, la oportunidad de negociar la tendencia en una dirección y luego retroceder en la otra dirección cuando ocurra el cambio inevitable.

* Sepa qué buscar en el mercado: en términos generales, cuando el mercado está en cualquier extremo, tendrá más dificultades para operar durante un período prolongado en comparación con un mercado de naturaleza más moderada. Esto se debe a que cuando el mercado se

encuentra en un extremo u otro, es mucho más raro que incluso las acciones más activas exhiban el mismo nivel de movimiento hacia arriba y hacia abajo bien definido que es más común cuando el mercado permanece relativamente estable durante semanas o meses. A la vez, cuando el mercado está estancado en modo bajista o alcista, es mucho más probable que el impulso se mueva solo en una dirección antes de caer, lo que significa que la estrategia ideal es la que se centra en esta tendencia direccional a más largo plazo.

- El promedio móvil exponencial es clave: los promedios móviles simples proporcionan niveles de soporte y resistencia, así como patrones alcistas y bajistas. Los niveles de soporte y resistencia pueden indicar si comprar una acción. Los patrones de cruce alcistas y bajistas señalan los puntos de precio donde debe ingresar y salir de las acciones. Mientras tanto, el promedio móvil exponencial es otra variación que otorga importancia adicional a ciertos puntos de datos en función de qué tan recientemente se crearon. El promedio móvil exponencial proporciona a los operadores una clara idea de la tendencia actual, así como puntos de entrada y salida ideales.

Reconsidere a su corredor: como nunca debe saltar directamente a ningún tipo de negociación comercial sin tener un buen conocimiento de los conceptos básicos de la inversión en el mercado de valores, es probable que ya tenga un corredor que haya estado utilizando durante algún tiempo. Lo primero que deberá hacer antes de comenzar a operar con mayor precisión es asegurarse de que su corredor se adapte a sus nuevas y muchas más exigentes necesidades. Si espera hasta que ya siente que está perdiendo ganancias para encontrar un nuevo corredor, entonces el daño ya lo ha hecho, por eso es mejor mirar esta faceta central de su negocio comercial bajo un microscopio, cuanto antes mejor.

Con el fin de encontrar el corredor adecuado para su nuevo método de negociación, lo primero que querrá hacer es determinar qué características, en su caso, debe tener el corredor en el que se establezca sin importar qué. Si bien la mayoría de los comerciantes no tendrán su propio conjunto de requisitos, aquellos con necesidades especiales harán bien en considerarlos en primer lugar. Con lo básico en mente, lo siguiente que tendrá que hacer es comenzar a investigar varias opciones. En primer lugar, tendrá que considerar las tarifas que se aplican a cada operación individual, ya que el monto total de su operación a menudo será bastante alto. Estas tarifas pueden producirse no solo como resultado de las comisiones en las transacciones, sino también en cosas como tarifas de datos, tarifas de plataformas, tarifas de retiro y tarifas de inactividad.

Además, muchos corredores imponen limitaciones adicionales que las personas deben cumplir si planean el comercio diario, incluidos montos de saldo mínimo significativamente mayores o pruebas de competencia comercial general para evitar que aparezcan y así aprovecharse de los mal informados. Finalmente, necesitará saber cómo son los márgenes si realiza operaciones diarias en el mercado de futuros o qué niveles de apalancamiento están disponibles en el mercado de valores y en el mercado de divisas.

Day Trading

Ampliamente definido como comprar y vender el mismo valor en un solo día, el Day Trading es más común tanto en el mercado de divisas como en el bursátil. Armados con una gran cantidad de datos, y un rollo bancario aún mayor, los mejores operadores del día aprovechan grandes cantidades de apalancamiento, así como estrategias para el éxito que se concretan a corto plazo para obtener grandes sumas de los movimientos de precios que de otro modo relativamente menor.

El acto del Day Trading es uno de los más debatidos en estos días, simplemente porque, como muchas formas de ganar grandes cantidades de dinero en cortos períodos de tiempo, es fácil para los uniformados saltar ciegamente y perder sus camisas incluso antes de que hayan conseguido empezar. La verdad del asunto es que el comercio diario es como cualquier otro tipo de inversión, nunca sin riesgo, pero ciertamente lejos de ser aleatorio. A diferencia de la inversión tradicional, el comercio diario es mucho más un trabajo activo a tiempo completo que una forma relativamente pasiva de ganar dinero extra. Si espera tener éxito a largo plazo cuando se trata del comercio diario, entonces debe estar dispuesto a dedicar el tiempo y esfuerzo necesario para tener éxito día tras día. Esencialmente, si está operando de manera normal, entonces lo que realmente está haciendo es invertir.

Lo que esto significa es que, incluso si tiene confianza a la hora de elegir acciones o pares de divisas, las lecciones que ha aprendido a lo largo de los años ya no se aplican. El day trading es su propia bestia por completo y viene con su propio conjunto de fortalezas y debilidades. Si bien, por un lado, nunca tendrá que preocuparse por cómo se verán sus operaciones a largo plazo, por otro lado, nunca podrá esperar a que sus operaciones se estabilicen si las cosas van del lado más rápido de lo que inicialmente esperaba.

Los operadores están constantemente explorando los gráficos de 60 minutos, 30 minutos, 10 minutos , 5 minutos y 1 minuto tratando de encontrar la inversión adecuada para el momento adecuado, y así, aprovechar una oportunidad potencialmente lucrativa a presentarse. A partir de ahí, se trata de identificar las oportunidades correctas, encontrar un comercio que se ajuste a su plan y sentarse en él hasta justo antes de que no sea rentable y repetirlo con suficiente precisión como para que terminen saliendo adelante la mayoría de las veces.

Como nuevo operador , es importante tener en cuenta que la mayoría de las veces, en este caso, será un poco más del 50 por ciento del tiempo, y solo si es muy bueno en el comercio en este corto tiempo. Además, a menudo mantendrá operaciones por solo unos minutos antes de vender en función de los movimientos más sutiles en cualquier dirección.

Dificultades en el comercio diario: con tanto en juego en un período tan corto de tiempo, es importante tener una idea clara de los diversos tipos de dificultades que puede enfrentar cuando se trata de mojarse los pies en el mundo del comercio diario.

- Las comisiones limitan las ganancias: los comerciantes del day trading tienen un volumen comercial global mucho más alto que otros tipos de comerciantes, lo que naturalmente significa que sus gastos en este ámbito serán mucho más altos al de otros tipos de comerciantes. Si bien hay formas de minimizar estos costos, no se puede negar que el día de negociación no es para aquellos con un presupuesto general más pequeño.
- La disciplina es de suma importancia: cuando se trata de operar con éxito en el día, es de suma importancia poder cumplir con su plan de negociación, incluso en medio de la agitación emocional. Este atributo es apreciado en este escenario simplemente porque es muy fácil equivocarse y eliminar el trabajo duro de un día en cuestión de segundos.

Day Trading profesionalmente: cuando se trata del comercio diario como una profesión, los comerciantes diarios se clasifican de dos maneras, los que son comerciantes solitarios y los que comercian por grandes empresas. Los comerciantes que trabajan para instituciones más grandes generalmente tendrán acceso a una amplia variedad de herramientas con las que otros comerciantes solo pueden soñar. Este alto grado de acceso significa que pueden centrarse en las operaciones que generarán una ganancia fácil, ya que tendrán acceso a la información en el momento en que se haga público, lo que les permitirá actuar mientras los comerciantes solitarios todavía confirman la información que han recibido.

Por otro lado, los Traders solitarios estarán mucho mejor equipados que el inversionista promedio de poca monta; ya que de lo contrario, no podrán competir con otros Traders solitarios en un campo de juego parejo. A menudo buscan los mismos tipos de operaciones que los operadores que trabajan para grandes empresas, pero sus recursos más limitados significan que casi siempre tendrán que asumir un mayor grado de riesgo para lograr el mismo nivel de resultados.

Negociación en la primera hora: si bien no es difícil encontrar operadores que estén contentos de entrar y salir del mercado todo el día, todos los días, la realidad es que los períodos del día durante los cuales el volumen de negociación es mayor resulta ser durante la primera hora del día y nuevamente durante la última hora del día. Lo que esto significa es que si se limita a operar solo durante la primera hora del día, no solo puede facilitar las cosas en general, sino que también puede obtener ganancias. Los analistas han demostrado que el mercado solo continúa mejorando en las primeras tendencias aproximadamente el 20 por ciento del tiempo, lo que significa que el 80 por ciento del tiempo restante no tiene nada que perder con este método mientras gana un día entero en el proceso.

Mientras tome en serio el siguiente proceso, descubrirá que podrá crear suficiente liquidez durante este período de tiempo para poder entrar y salir cuando el mercado apenas comienza a solidificarse, obteniendo ganancias en el proceso. Para emplear este tipo de estrategia con éxito, necesitará tener acceso a los fondos para generar un gran volumen de pedidos en un corto período de tiempo si desea tener éxito. Los expertos coinciden en que este tipo de estrategia solo funcionará para aquellos que tienen $ 100,000 o más disponibles para comenzar.

- 5 minutos iniciales: el gráfico de comerciante de día más común es el gráfico de 5 minutos y será el primero en el que también debe preocuparse. Los primeros 5 minutos le proporcionarán una amplia variedad de información que es crucial para tomar una decisión informada más adelante, incluida la determinación de las diversas brechas de precio o volumen que es probable que desarrollen ciertas acciones en función de las noticias que ocurrieron mientras el mercado estaba cerrado. La mejor manera de dar un salto en estos detalles es tener una idea clara de lo que es probable que traigan las noticias para el día, incluidos los anuncios rumoreados o los informes programados.

- Si bien va a querer mirar este período de tiempo con bastante atención, es importante solo mirar y nunca tocar. Los primeros 5 minutos son sin duda uno de los más volátiles de todo el día y llegar al mercado en este punto es poco mejor que apostar. Tome nota del comienzo de cualquier tendencia potencial, pero evite comprometerse hasta que las cosas se hayan sacudido un poco más.

- 9:30 a 9:50: si bien no es un segmento que verán discutirse muy a menudo, hay muchas razones para considerar este marco de tiempo en lugar de esperar los detalles adicionales que se revelarán antes de las 10 a.m. En primer lugar, entrar en este momento le proporcionará una falta de competencia, ya que podrá moverse antes que aquellos que están viendo los gráficos de 15 minutos y 30 minutos, mientras que al mismo tiempo solo asume un riesgo adicional relativamente pequeño. Este es el período en el que es crucial determinar cuáles serán los valores bajos y altos de la mañana, ya que de lo contrario será difícil establecer límites para las operaciones que están considerando actualmente. Este período debería proporcionar mensajes de señalización que deberían apuntarlo hacia tendencias que haría bien en aprovechar.

- 9:50 a 10:10: dependiendo de los resultados de los 20 minutos anteriores, querrá hacer un movimiento más seguro durante este período de tiempo, ya sea operando con o contra la tendencia según los indicadores que ha visto. Si planea aprovechar esta estrategia de negociación, entonces este es el período de tiempo durante el cual querrá considerar colocar todas sus operaciones para el día, ya que si espera incluso 5 minutos adicionales, ya no estará más adelantado, y como resultado, sus ganancias generales para el día se verán seriamente obstaculizadas debido a ello.

- 10:10 a 10:30: durante este período, querrá vigilar de cerca sus operaciones para asegurarse de que las tendencias que notó al principio continúen hasta la madurez. Si bien esto puede no parecer mucho tiempo para obtener ganancias de un día, la verdad es que si llegaste antes de las 9:50 a.m., entonces tendrás casi una hora completa para generar ganancias usando este horario. Además, si las cosas siguen avanzando sin problemas, incluso puede aguantar hasta las 11 de la mañana, pero solo si las tendencias que pronosticó están demostrando ser extremadamente fuertes. Durante estos casos, querrá estar listo para deshacerse de sus tenencias en cualquier momento si desea evitar que sus ganancias se inclinen repentinamente en la dirección opuesta.

- A pesar del hecho de que si las cosas van bien, no tendrá mucho que hacer durante este período, es importante que nunca lo aborde de una manera que pueda describirse como poco cordial. Nunca se sabe cuándo llegará el momento en que las cosas comienzan a moverse en la otra dirección, lo que significa que debe estar listo y esperar cuando llegue. Es importante tener un punto de salida claro en mente al entrar en este marco de tiempo y nunca ser codicioso. Los niveles de movimiento con los que trabajará en este caso serán increíblemente pequeños, lo que significa que si se levanta para usar el baño sin cerrar, corre el riesgo de arruinar todo su arduo trabajo. No lo deseche todo ahora, permanezca enfocado con láser hasta que haya terminado el trabajo del día.

Capítulo 10: Lo que el maestro nos cuenta

El estilo de inversión de Warren Buffet

Hay algunas cosas que vale la pena señalar cuando se trata del estilo de inversión de Warren Buffet. Se utiliza un enfoque más concentrado y cualitativo cuando coloca sus acciones, que es similar a Graham, que muchos consideran como su mentor. Warren favorece las empresas de calidad, que tienen buenas valoraciones y la capacidad de lograr un alto nivel de crecimiento. Al guiarlo con sus decisiones, Buffet utiliza principios de inversión en diferentes áreas de negocios y administración. Pueden parecer un poco cliché y fáciles, pero pueden ser difíciles de implementar. En el caso de que en un principio particular pregunte si la administración es sincera con los accionistas, esto no sería lo más fácil de responder. Por otro lado, hay ejemplos particulares de lo contrario. Algunos de los conceptos, que parecen complejos, son más fáciles de implementar, como el 'Valor agregado económico'.

Principios comerciales: Mr. Buffet impone restricciones a lo que él llama el círculo de competencia. Las empresas con las que está familiarizado o las que entiende son aquellas en las que es más probable que invierta. Considera que una comprensión profunda de las empresas es una de las necesidades más importantes para poder predecir con precisión el desempeño de sus negocios en el futuro. Según él, si no puede predecir o comprender el negocio, no sería imposible hacer una proyección sobre el rendimiento.

Un gran ejemplo sería el auge y la caída de la tecnología que se produjeron durante el cambio de siglo. Warren no era un fanático de las compañías punto.com que estaban surgiendo, ni estaba suficientemente familiarizado con las compañías a un nivel en el que pensara que podía invertir, y al hacerlo, decidió mantenerse alejado. Es por eso que no se lastimó tanto cuando estalló la burbuja tecnológica en los primeros años de la década de 2000. Hay varias empresas que tenían conocimiento de la industria tecnológica y estas fueron las que se retiraron antes de que el mercado cayera. Sin embargo, los otros que estaban tan entusiasmados con la perspectiva de las empresas de Internet sin primero investigar el campo fueron los que se vieron gravemente afectados.

Los principios comerciales de Buffet respaldan los objetivos de producir una fuerte proyección de las existencias que deben considerarse. Lo primero es analizar el negocio y no el mercado o incluso la economía en ese momento o lo que otros inversores están diciendo sobre las acciones considerando que tienen intereses creados o no. Lo siguiente es buscar un historial operativo consistente de la empresa. Warren luego dice que use esa información para evaluar si el negocio tiene perspectivas favorables a largo plazo o no.

Principios de medidas financieras: como se indicó anteriormente, Warren Buffet sigue el modelo de valor para los inversores. Hay indicadores particulares y medidas financieras que buscan en cada corporación detrás de las acciones por las que opta. Estos deben ser adoptados por todos los que quieran considerar una acción también. Buffet tiene preferencia por la medida del rendimiento del capital en lugar de las ganancias por acción que muchos considerarían como el principal factor decisivo. Sin embargo, los estudiantes de finanzas saben que el rendimiento del capital como un indicador puede ser manipulado por el apalancamiento, que es un índice de deuda y, por lo tanto, es un poco inferior al rendimiento del capital. En este caso, el rendimiento del capital es más parecido al rendimiento de los activos. Aquí, el numerador son las ganancias obtenidas para cada proveedor de capital y el denominador incluye la deuda y el capital aportado a través del negocio. Buffet tiene conocimiento de esto, sin embargo, examina el apalancamiento de manera separada, prefiriendo el tipo de empresas de bajo apalancamiento y busca los altos márgenes de ganancia.

Lo primero que Buffet considera es lo que él llama las ganancias del propietario, que es básicamente el flujo de efectivo alcanzado por los accionistas o simplemente el flujo de efectivo al patrimonio. Lo califica como el ingreso neto agregado a la amortización menos los gastos de capital y el capital de trabajo adicional. Los adheridos reclamarán los ajustes particulares, aunque esta ecuación está cerca del EVA antes de deducir un cargo de capital para la parte accionista. En el último caso con las ganancias de los propietarios, Buffet considera la capacidad de la empresa para generar efectivo para los accionistas que son los propietarios residuales.

Principios de gestión: son tres los principios de gestión que Buffet utiliza para verificar la calidad de la gestión de las inversiones. Esta puede ser una pregunta muy introspectiva para las partes inversoras y considera algunas de los siguientes. Buffet pregunta si la gestión es racional. Para ser más específico, pregunta si la gerencia sabe lo suficiente sobre la situación como para reinvertir las ganancias o si es una mejor idea devolver las ganancias a los accionistas en forma de dividendos.

Esta pregunta es bastante profunda, ya que gran parte de la investigación relacionada implica que históricamente, como grupo, la gerencia tenderá a ser codiciosa y retendrá las ganancias considerando que aún querría construir un imperio y buscar escalar en lugar de utilizar el flujo del efectivo de manera que maximice el valor del accionista. El otro principio que examina la honestidad de la administración es si revelan que se pueden cometer errores.

Hay una pregunta sobre si la administración también resiste el imperativo institucional. Este factor particular considera los equipos de gestión que resisten la operación y el tipo de duplicación de las estrategias competidoras y tácticas particulares. Valdría la pena saborearlo, ya que se necesita trazar una línea entre parámetros como la duplicación de la estrategia de los competidores y superar a las empresas que son las primeras en comercializar.

Principios de valor: Warren Buffet trata especialmente de determinar el valor intrínseco de la empresa y proyecta las ganancias futuras del propietario y las descuenta al presente. Aunque si hubiera aplicado los otros principios, la proyección de las ganancias en el futuro se vuelve mucho más fácil a medida que los rendimientos se vuelven más fáciles de predecir. Warren generalmente ignora la volatilidad del corto plazo y se enfoca en los retornos del largo plazo. Solo actúa cuando se trata de fluctuaciones a largo plazo cuando considera un buen negocio.

En el caso de que la compañía parezca estar bien a $100 por acción y luego baje a un nivel de 90 dólares por acción, entonces no sería una sorpresa para él recoger las acciones adicionales con un descuento. También se le ocurrió 'foso' como estrella financiera para ser corto para el foso económico. Esto es lo que le da a la empresa una clara ventaja sobre los demás dentro de la misma industria o mercado y la protege de la competencia.

Al final del día, sus principios son los que constituyen una base cuando se trata de invertir en valor o son lo que otros usan como directivas para este enfoque. Es una consulta abierta sobre el nivel que los principios necesitan modificación en el futuro, donde los historiales operativos consistentes son mucho más difíciles de encontrar. Prácticamente, todos en el mercado de valores quieren ser el próximo Warren Buffet, aunque solo unos pocos han podido imitar el éxito que ha tenido con los intercambios. Incluso sugiere que los pequeños inversores deben comprar un fondo de índice de bajo costo en lugar de acciones individuales. Su enfoque parece ser el de la precaución y la seguridad más que cualquier otra cosa.

Estrategias de stock de Livermore

Livermore cree que una acción se movería en una dirección particular, por lo que debe ingresar a la operación lo suficientemente temprano después de que las indicaciones del mercado confirmaron su criterio. Como tal, Livermore tenía la preferencia de negociar aquellas acciones cuyos precios se movían en una tendencia obvia. No tenía interés en las acciones que ilustraban pequeños cambios en sus precios sin una tendencia fuerte. Los patrones que querían identificar eran aquellos patrones que estaban en el precio de la acción. Algunos de los comerciantes en el presente y durante su tiempo trazaron el precio y el volumen contra el tiempo en las listas. Aunque a Livermore no le gustaba usar la tabla, prefería los números.

Determinar si la acción está en la tendencia alcista o bajista: Livermore afirmó que no comenzó como experto hasta el momento en que comenzó a prever una parte de los desarrollos significativos en el mercado. Una de las ventajas con respecto a la negociación de acciones es que puede utilizar un ciclo económico más extenso y una condición para prever en caso de que aumenten o decaigan. Hay varias definiciones medibles sobre lo que constituye la tendencia alcista o el mercado en lugar de la tendencia bajista.

Los distribuidores también pueden considerar los conceptos básicos de la economía para afirmar si el ciclo bajista o alcista está en juego. Podría ser la metodología menos exigente que utilizaría exámenes especializados básicos del registro de acciones con el más significativo de la mayoría de los índices bursátiles mundiales por encima de los 200 proporcionales, por lo que un mercado alcista puede ser nombrado con lo contrario de lo que significa una tendencia bajista.

Por otra parte, es posible que deba considerar si dos meses cierran por encima o por debajo del año en movimiento normal con el objetivo final de determinar el equivalente. Cuando se opera utilizando la metodología instituida por Livermore, simplemente se llega lejos cuando hay una tendencia alcista y se corta el mercado cuando hay una tendencia bajista.

Selección de sectores particulares: en el momento en que el comerciante comienza a ser largo o incluso corto, entonces debe elegir las acciones que serían las mejores para comprar. Se pueden obtener índices bursátiles, pero los beneficios se pueden aumentar mediante la selección de las acciones atractivas en el próximo ciclo. Esto se lograría mejor con la utilización de la mejor metodología descendente que consideraría los índices del área que se distribuyen por cualquier número de etapas de administración monetaria.

Concentrarse en las situaciones económicas de esa división específica podría ser sin duda una gran ayuda. En realidad, uno puede considerar los costos de los índices de piezas con el objetivo final de verificar si son adicionalmente tan optimistas o bajistas como el archivo de mercado más extenso, lo que sería una afirmación de que está considerando la división o industria adecuada.

Preparación para abrir las nuevas operaciones cuando comience la nueva tendencia bajista o alcista.

Livermore garantizó que era el recado del distribuidor de acciones para comenzar a comprar acciones desde el comienzo del mercado alcista y mantener la tendencia hasta que el sector empresarial con tendencia positiva se empapó y comenzó a acortar las acciones hacia el comienzo de la tendencia bajista con una pauta indistinguible como el comprador anuncia. Livermore también sugirió que, a veces, el mercado puede no ser alcista y no extremadamente bajista, lo que indica que ha llegado el momento de escapar de los intercambios actuales, sin embargo, no sería el momento de abrir una parte de los nuevos de cada partida contraria .

Selección de acciones: Livermore intercambió una porción de las dos acciones más fundamentales de cada segmento elegido en el que necesitaba estar. Se puede usar uno de los métodos especializados para ver las acciones que influyen en los máximos y mínimos más sólidos, a pesar de considerar que la información relacionada con el dinero de las organizaciones también es una pieza del pastel y diferentes elementos. Resulta que hay dos puntos focales importantes para estar dentro de las mejores acciones en una división específica. Las primeras serían las ventajas que acompañaron a la mejora y, por otro lado, Livermore vio que, en el caso de que una de las acciones comenzara a sufrir graves afectaciones, era una señal de que había un problema importante con la compañía específica y, cuándo esto sucediera, entonces sería una señal para retirarse del stock específico.

Una de los aspectos importantes con respecto al comercio de acciones con la utilización del enfoque de Livermore es que centraría a las organizaciones principales a que sus acciones encabezan el cambio mecánico y la solicitud del cliente relacionado. Livermore consideró una tonelada en medio de su vocación inicial y concentró gran parte en los ferrocarriles, el acero y el azúcar, que eran parte de los principales componentes de cambios económicos que ocurrieron en el siglo XIX. En medio del ciclo alcista actual, lo específico es lo que se compraría con fuerza, por ejemplo, de una manera similar a la que se compró azúcar cuando se inició una nueva innovación con el objetivo final de hacer que el azúcar sea razonable.

Iniciando el intercambio: Livermore era un experto en desgloses y moviéndose en los desgloses. Escaló en los nuevos intercambios y no en un tamaño de posición equivalente. Digamos que Livermore encontró el comienzo de una tendencia o mercado alcista. En ese momento, estaría entusiasmado con acciones específicas, ya sean A o B dentro de la división C. La acción A podría generar otra tasa más cara de lo que había sido durante varias semanas o meses.

En ese momento, compraría las acciones principales pero solo con una cuarta parte de las acciones agregadas en esas acciones que compraría. En ese momento, intentaría ver la forma en que actuaba. Si seguía subiendo con firmeza y alcanzaba nuevos máximos, entonces comenzaría a comprar nuevamente en una gran parte del resto de los trimestres y luego se sentiría apretado por un tiempo adicional.

Si el ejemplo continuaba, compraría el resto de las acciones que necesitaba. Habría poseído la capacidad de utilizar una expansión del 1 por ciento en el precio como una señal que se utilizaría para agregar al intercambio. Si el movimiento parecía no tener éxito, entonces Livermore renunciaría. Al escalar en el intercambio, comenzó a protegerse de una pérdida extrema cuando estaba equivocado sobre la forma en que iba el movimiento.

Sentada bonita: una de las declaraciones favoritas que Livermore tiene es que se benefició cuando se estaba relajando de lo que hizo en cualquier momento mientras se movía. La sugerencia era que nunca había nadie que pudiera predecir las oscilaciones del mercado, por lo que uno debería obtenerlo desde el principio y no salir hasta el momento en que el mercado se haya agotado. En este sentido, pueden comprar una acción por $10 y luego de ese movimiento, dos años después del hecho, hacia el final de una tendencia alcista y luego obtener una ganancia que incluso puede ser más del 2000 por ciento del vital.

Advirtió especialmente sobre moverse en los retrocesos como resultado de que el mercado temible tendría una inversión y después de eso tratar de comprar las acciones en un momento posterior cuando se haya resuelto el paso en falso. Admitió que experimentó este pensamiento aterrorizador en el comienzo del comercio antes de adquirir comprensión y certeza.

Estrategias de stock de Benjamín Graham

Graham comenzó buscando inversores potencialmente buenos que tuvieran una inteligencia superior a la media al definir la acción como inversión, como una operación; lo que, en un buen análisis, promete seguridad del capital y un nivel adecuado de rendimiento. Las actividades, que no cumplieron con los requisitos previos antes mencionados, son las que se denominan especulativas.

Para Graham, la negociación de bonos, acciones u otros activos se invertirán solo en el caso de que se base en un análisis exhaustivo, prometa seguridad del capital o se espere que proporcione un rendimiento adecuado. De lo contrario, se consideraría especulación, lo que, según Graham, es altamente desaconsejado.

Los inversores juegan el papel de propietarios: Graham alentó a los propietarios a ver las acciones como parte de su propiedad dentro de la empresa. Dio consejos a los inversores, para que pudieran valorar sus acciones en el sentido de que el comprador potencial estaría dispuesto a pagar por el negocio para que fuera un negocio en marcha. Esto es importante como una idea.

Demasiados de las partes inversoras consideran que las acciones son certificados, que se negocian en el mercado por un precio particular, que esperan que aumente. La visión de las acciones como parte de la propiedad dentro de la empresa reestructura el foco de la fluctuación del día a día a los factores que de otro modo impulsarían las valoraciones, y que serían los fundamentos a largo plazo.

Ganancias promedio a largo plazo: Graham tiene la idea de que los inversores deben ignorar en gran medida cualquiera de los trimestres o las ganancias reportadas del año. Los factores transitorios en este caso a menudo llevaron a los números a variar de manera significativa dependiendo del período. Del mismo modo, podrían haber estado sub-representados en los valores subyacentes. Las ganancias promedio durante varios años podrían tener un efecto decreciente en los factores particulares de cada año.

Como tal, la tendencia a largo plazo en lo que respecta a las ganancias promedio probablemente sería más representativa de las valoraciones intrínsecas subyacentes. Graham también implicó precaución a los inversores para que las ganancias previas no los engañaran. Las ganancias diluidas establecidas por los principios de contabilidad generalmente aceptados tendrían una baja probabilidad de ser engañadas. Su enfoque en las ganancias promedio a largo plazo condujo al concepto de ganancias de precios ajustados.

Redes de red: una de sus acciones favoritas que ha deseado para el margen de seguridad se denomina redes de red. Para encontrar uno de estos, uno comienza con el valor de los activos corrientes en la organización, menos el monto total de la deuda a largo plazo y a corto plazo. Luego, dividir el nivel neto por el número de acciones en circulación para que dé como resultado los activos corrientes netos por acción.

En el caso de que el precio de la acción esté por debajo del número resultante, Graham calificó la acción como una de estas redes netas. Estos precios de las acciones serían menores que los activos corrientes netos por acción, ignorando el valor establecido para los activos a largo plazo. Cualquier persona que pudiera comprar las acciones netas de la red neta al precio actual podría utilizar los ingresos de la liquidación de sus activos actuales, para poder pagar las deudas de la empresa.

El comprador podría entonces poseer los activos a largo plazo sin ningún precio. Graham recomendó reunir un tipo de cartera diferente para estas acciones y esperar al mercado para que su valor se materialice. Esta estrategia funcionó especialmente bien cuando las existencias netas estaban allí en masa. Sin embargo, como Graham señaló muchas veces, el mercado no está en el bolsillo, por así decirlo. Las redes de red podrían estar allí cuando el mercado general está disminuyendo, pero pueden ser raras cuando el mercado está en auge. No es aconsejable confiar en la estrategia de net-net a lo largo del tiempo.

Mr. Market: a Graham se le ocurrió una persona imaginaria conocida como Mr. Market para ilustrar la naturaleza aleatoria de las fluctuaciones dentro del precio de varias acciones. Muchas veces, el precio del Sr. Market sería una estimación del valor real o subyacente. Algunas de las otras veces, ofrecía pagar un precio, que era excesivo o se vendía mucho por muy poco. Graham alentó a las partes inversoras a ignorar las ofertas del Sr. Market cuando se trataba de comprar o vender para la mayoría de los escenarios.

En general, Benjamín Graham dio una gran cantidad de orientación de inversión en sus libros y gran parte de esa información se ha cubierto en el texto anterior. Han pasado cuatro décadas desde la última vez que abrió sus inversiones, aunque su sabiduría parece ser tan relevante para el mercado de hoy como cuando se imprimió por primera vez.

Estrategias de stock de Seykota

A Ed Seykota se le ocurrió el sistema de comercio computarizado inicial para negociar algunas de las cuentas comerciales dentro de los mercados de futuros. Después de un momento difícil, de acuerdo con la administración que tenía la capacidad de anular las señales proporcionadas dentro del sistema en aras de generar comisiones, optó por ir solo. Seykota siguió una tendencia mecánica siguiendo al operador que construyó la mayoría de sus sistemas alrededor de los promedios móviles exponenciales con un poco de confianza en el reconocimiento de patrones. Como tal, el principio básico, que viene a la mente detrás del seguimiento de tendencias, conduciría a los ganadores y reduciría a los perdedores, aunque sería más fácil decirlo que hacerlo.

El análisis técnico siempre ha sido el fuerte de Seykota. Afirma que prospera en tres componentes dentro de su estilo de negociación y estos serían: los patrones gráficos actuales, las tendencias a largo plazo y la identificación de los lugares correctos para comprar y vender; estos son los elementos básicos del análisis. Seykota pone mucho énfasis en poner paradas protectoras en el momento en el que se ingresa a una operación y toma ganancias en caso de que el mercado se vuelva loco.

Seykota dice que mantener las apuestas manejables y pequeñas ayudará a mantener las emociones a raya. Sin eso, el miedo y la codicia pueden hacerse cargo. El consejo que da es especular con menos del 10 por ciento del patrimonio líquido del comerciante. A lo largo de los años, Seykota cambió su enfoque a las partes psicológicas cuando se trataba de comerciar. A principios de los noventa, estableció un grupo en el que trabajaría con los comerciantes para unir métodos que frenan ciertas emociones en el comercio.

Estrategias bursátiles de George Soros

Como se consideró un administrador de fondos de cobertura inconformista, Soros creó importantes rendimientos anuales después de los honorarios de gestión. A pesar de la animosidad, que se generó a través de lo que se considerarían tácticas comerciales adversas y su filosofía de inversión, Soros pasó décadas al frente de la clase entre los inversores de élite.

Soros ha llegado a ser conocido como un especulador a corto plazo. Su filosofía implica hacer grandes apuestas de gran ventaja en la dirección de los mercados financieros. Su fondo de cobertura, las estrategias macro globales se concentraron en hacer grandes apuestas unidireccionales sobre el movimiento de las tasas de cambio, acciones, bonos y otras tasas de productos básicos basados en un análisis macroeconómico particular. Como tal, Soros apostó a que el valor de ciertos factores dentro de la economía de elección aumentaría o disminuiría.

Esta forma de comercio se basó en la investigación, pero se ejecutó principalmente por instinto. Estudió las acciones de interés y dejó que los movimientos de diferentes mercados financieros y sus participantes fueran los que dictaran la forma en que negociaba. Se refirió a la filosofía detrás de la forma en que comercializaba como reflexividad. La teoría evita las ideologías tradicionales de un entorno basado en el equilibrio, donde la información se revela a todos los participantes en el mercado y son capaces de afectar los fundamentos del mercado y su comportamiento irracional conduciría al auge y las caídas, que presentan particular oportunidades de inversión.

Los precios de la vivienda son un buen ejemplo de la teoría implementada. Cuando los prestamistas hacen que sea mucho más fácil obtener préstamos, más personas deciden ir a los bancos para obtener ingresos. Con sus ingresos en mano, optan por comprar viviendas, y esto aumenta la demanda de las viviendas. Según la teoría económica básica, un aumento en la demanda es un aumento en el precio. Los precios más altos animan a los prestamistas a dar más ingresos.

Más ingresos en manos de los prestatarios significa un aumento en la creciente demanda de viviendas y eso significa un ciclo en espiral ascendente, que son los precios de la vivienda que se han ofertado al alza más allá de lo que los fundamentos económicos sugerirían es la tasa razonable. La forma en que operan los compradores y los prestamistas ha tenido un gran impacto en el precio de este producto. Una inversión, que está de acuerdo con la idea del mercado de la vivienda, eventualmente va a disminuir y colapsar es una apuesta típica de Soros. En este escenario, vendería en corto plazo las acciones de los principales prestamistas de vivienda, ya que depende de la explosión del auge inmobiliario.

Desarrollar una tesis de inversión según el método científico.

Una de las mejores lecciones de Soros es que las partes inversoras acepten su aplicación del método científico. Utiliza varios recursos para poder elaborar una tesis sobre cómo debe comportarse la equidad en determinadas condiciones del mercado. Es decir, que la tesis de inversión que utiliza en sus operaciones debe ser comprobable. Si el mercado plantea un enfoque alcista, entonces un análisis gráfico debería dar todas las pistas de que este será el caso.

Antes de invertir, también debe considerar los contra-argumentos

Antes de tomar grandes decisiones de inversión, Soros recomienda que haga muchas consultas de la misma manera que lo hace, y esto puede implicar escuchar opiniones contrarias. Después de escuchar sus comentarios, Soros se tomó su tiempo para considerar opiniones y reflexionar sobre su hipótesis de inversión. Al hacerlo, no importa cuán sólida sea la tesis de inversión, siempre existe la posibilidad de que no sea la forma correcta de hacerlo. Escuchar y digerir el otro lado del argumento permitirá que uno considere todos los ángulos posibles y vea si aún le gusta la idea antes de invertir fondos tangibles.

Tenga la voluntad de reducir sus pérdidas: al tener en mente un éxito mensurable bien definido antes de invertir, Soros afirma que está en una mejor posición para evaluar si una inversión no está yendo como debería. De hecho, afirma que incluso se basa en señales instintivas o físicas, como dolores de cabeza o dolores corporales, que según él, son una señal de que uno puede reducir sus pérdidas.

Como tal, los datos de ventas no han alcanzado las expectativas diferentes y han provocado que las acciones caigan de sus máximos. En este escenario, las partes inversoras habrían obtenido beneficios al reducir sus pérdidas en función de las ventas iniciales, que no respaldaron la tesis. En general, el mercado puede no ser siempre racional, aunque eso no es indicativo de que uno tenga que invertir de manera irracional.

Tener un conjunto de pautas de inversión va a mejorar las compras cargadas emocionalmente a largo plazo. Aunque el enfoque de Soros cuando se trata de invertir puede no ser lo mejor para todos, hay una lógica interna particular que es más difícil de ignorar. En resumen, uno debe basar sus decisiones de compra o venta de acuerdo con una tesis bien afinada, que tiene una serie de resultados verificables.

Capítulo 11: Impuestos

Si usted es un comerciante frecuente, entonces está muy familiarizado con la montaña de impuestos que viene con el comercio de acciones. Si eres nuevo en esto, debes saber que si no administras tu comercio de acciones antes de la temporada de impuestos, el IRS definitivamente cosechará tus ganancias. Al final, si ignora las secuelas de los impuestos que vienen con la negociación en el mercado de valores, terminará con una rentabilidad mucho menor y probablemente abandonará por completo la negociación de acciones. Hay dos formas principales en las que se puede pagar impuestos mientras se negocia en el mercado de valores.

A través de cuentas de jubilación calificadas: este es un tipo de plan que está de acuerdo con las regulaciones de la Sección 401 (a) del Código de Rentas Internas. Lo califica para recibir beneficios fiscales específicos. Este es un plan de jubilación establecido por el empleador para beneficiar a los empleados y trabajadores de la corporación. Este tipo de cuenta le da a su dinero el tiempo para crecer libre de impuestos hasta que lo retire. También le permite invertir su capital antes de pagar sus impuestos sobre la renta.

Los planes calificados le dan a un empleado la libertad de diferir una parte de sus ingresos en el plan, lo que reduce la responsabilidad tributaria actual de los empleados. Esto también reduce la cantidad de ingresos que es elegible para impuestos. Para ser simple, este tipo de plan está diseñado para hacer que el empleado quiera trabajar para la empresa y le permite mantener buenos empleados. Estos tipos de cuentas reducen su factura de impuestos y solo paga impuestos sobre las rentas regulares, sobre sus ganancias y contribuyentes cuando retire el dinero en la jubilación. Por ejemplo, la cuenta de jubilación Roth le da la libertad de invertir después de impuestos. Sin embargo, no reduce su factura fiscal actual. También puede retirar ganancias y contribuciones libres de impuestos cuando se jubile.

Hay dos tipos principales de planes de cuenta de jubilación calificados. Primero está el plan de beneficios definidos, que proporciona a los empleados un pago determinado, que a su vez transfiere el riesgo al empleador para invertir y ahorrar para que pueda cumplir con las obligaciones del plan. Un ejemplo de esto es una pensión tradicional de tipo anualidad. El segundo está bajo planes de contribución definida.

Para estos, la cantidad que los empleados reciben en la jubilación depende de cuánto ahorran e invierten por su cuenta durante el tiempo que trabajan o permanecen empleados. Un 401 (k) es uno de los ejemplos más populares de esto. Otros ejemplos de cuentas de jubilación calificadas incluyen planes 403 (b), Pensión de Empleado Simplificada (SEP), Planes de Beneficio Objetivo, planes de Propiedad de Acciones para Empleados (ESOP) y Planes de Compra de Dinero.

Entonces, ¿cuándo debe participar en cuentas de jubilación calificadas? Si cree que durante su jubilación estará en un tramo impositivo más bajo, entonces debe atenerse a una cuenta regular. Sin embargo, si cree que estará en una categoría impositiva más alta, entonces debería considerar obtener una cuenta de jubilación calificada. Por supuesto, siempre debe consultar antes de tomar decisiones importantes.

Inversión accionaria no calificada: La inversión accionaria no calificada es un plan de jubilación totalmente patrocinado por el empleador. Sin embargo, queda fuera de las pautas de la ley de seguridad de ingresos de jubilación de los empleados. Este tipo de planes está diseñado para satisfacer las necesidades específicas de jubilación de los ejecutivos de la compañía y otros empleados específicos. Estos planes están exentos de las pruebas discriminatorias a las que están sujetos los planes normalmente calificados. En general, con una inversión en acciones no calificada, debe tener en cuenta dos tipos de impuestos básicos.

Primero, si la acción en la que ha invertido es elegible para pagar dividendos, entonces es elegible para pagar impuestos sobre la renta en los pagos. El impuesto a los dividendos suele ser del 15 por ciento, pero está sujeto a cambios dependiendo del mercado de valores y la economía. Si mantiene las acciones durante más de un año, cualquier ganancia que reciba de ellas se agrava con las tasas de ganancias de capital a largo plazo.

Sin embargo, si vende acciones con fines de lucro, acciones que ha tenido durante más de un año, pagará impuestos sobre la renta regulares sobre la ganancia que obtenga. Esto podría ser superior al 15 por ciento dependiendo del nivel de impuestos al que pertenezca. Siempre es aconsejable consultar con su asesor para prepararse a las consecuencias. Entonces, ¿qué sucede cuando vendes por una pérdida? Para la mayoría de los casos, puede reclamar una pérdida de capital a largo y corto plazo. Estas pérdidas no son todas malas, ya que pueden usarse para compensar las ganancias de capital.

Antes de decidir, por lo tanto, es importante que considere las consecuencias de sus inversiones en acciones. La regla general es que cuanto más pueda depositar en una cuenta de jubilación calificada, mejor será desde el punto de vista fiscal. Siempre consulte con un asesor fiscal calificado antes de tomar cualquier decisión.

Gestión de impuestos durante la negociación: la mayoría de las veces, los impuestos en el mercado de valores dependen en gran medida de su situación personal. Sin embargo, esto no es todo de lo que depende. Existen algunos principios simples y consejos impositivos que pueden aplicarse a la mayoría de las situaciones comerciales, que pueden ayudarlo a ahorrar dinero. En la siguiente sección, explorará algunos de estos consejos, que lo ayudarán a tomar decisiones inteligentes y a ahorrar mucho dinero.

Dividendos: si usted es un operador frecuente, probablemente termine pagando una gran cantidad de impuestos sobre las ganancias de capital cuando decida negociar sus acciones de fondos mutuos porque olvidó o decidió pasar por alto los dividendos que reinvirtió en el fondo durante un largo período de tiempo. Cuando aumenta su inversión en un fondo, reducirá la cantidad que es elegible para impuestos.

Esto solo funciona para dividendos reinvertidos. Por ejemplo, digamos que originalmente invirtió 10,000 dólares en un fondo mutuo y dividendos de 2,000 dólares reinvertidos en acciones adicionales a lo largo de los años. Para continuar, vendería su participación en el fondo por 15,000 dólares. Esto haría que su ganancia imponible se calcule restando la inversión original de 10,000 dólares y la reinversión de 2,000 dólares de la venta de 15,000 dólares. Por lo tanto, su ganancia imponible sería de 3,000 dólares. La mayoría de las personas generalmente se olvidan de eliminar sus dividendos reinvertidos y terminarían pagando la suma de 5,000 dólares.

Sin embargo, este ejemplo no presenta una reducción en el ingreso imponible como un gran problema. Si no logra aprovechar esta posibilidad, con el tiempo podría costarle mucho dinero a medida que pasa el tiempo. Imagine 2,000 dólares adicionales cada temporada de impuestos porque no tuvo en cuenta los dividendos cada año. Terminas con declaraciones ajustadas de impuestos que te harán sufrir al final.

Para aprovechar activamente esta regla, asegúrese de mantener registros bien detallados de sus dividendos invertidos y también examine las reglas de impuestos que se pueden aplicar a su situación cuando llegue la temporada de impuestos. Al hacer esto, siempre recordará usar los detalles para su ventaja. Además, estará bien estudiado en oportunidades de evasión de impuestos y las utilizará para su ventaja.

Vínculos: cuando su marca favorita de helados no puede darle la satisfacción que desea, termina buscando refugio en otra marca con la esperanza de recibir al menos un lugar de amortiguación hasta que pueda encontrar el próximo gran sabor o tipo. Del mismo modo, cuando el mercado de valores funciona mal, los inversores van a buscar un lugar para poner todo su dinero hasta que el mercado de valores vuelva a subir. Estos cojines seguros son enlaces. Regularmente realizan acciones contrarias a la renta variable y, lo que es más, generan ingresos por intereses. La mejor parte es que es posible que no deba pagar impuestos sobre todos los intereses que recibió.

Entonces, ¿cómo se logra esto? La mayoría de los bonos se pagan semestralmente (dos veces al año). Por lo tanto, si compra bonos entre los pagos de intereses, no tendrá que pagar impuestos sobre los intereses que adquirió antes de comprarlos. Por supuesto, está obligado a informar el monto total que recibió, pero se le permitirá eliminar el monto acumulado en una línea diferente.

Otros puertos seguros incluyen la deuda gubernamental a corto plazo y para el inversor minorista, los bonos municipales son los principales puertos de ventajas fiscales. Es deber del gobierno y los municipios estatales emitir bonos municipales. Los expiden en beneficio de personas como construir un hospital o igualar los gastos requeridos. Muchos bonos municipales se emiten con el estado de exención de impuestos, lo que a su vez significa que el interés que generan no es necesariamente reclamable cuando se presentan las declaraciones de impuestos. Los que están altamente calificados son de bajo riesgo y también los que lo atraerán.

Cancelaciones: Si compró, por ejemplo, una computadora para su hogar el año pasado, entonces es posible cancelar parte de lo que le costó la computadora, pero solo si la usó para ayudar a administrar su cartera y realizar intercambios. El monto del deducible depende de la frecuencia con la que usó la computadora para ayudarlo a administrar sus inversiones. Por ejemplo, si compró la computadora a 2000 dólares y la usó el 25 por ciento del tiempo para monitorear sus inversiones, entonces 500 dólares es técnicamente un gasto que puede amortizarse como parte de los gastos para comprar la computadora.

Las personas que invierten en pequeñas empresas y / o trabajan por cuenta propia a menudo tienen que enfrentar muchos gastos de operación comercial que califican para ser cancelados. Por ejemplo, si viaja por negocios, lo que requiere que busque y pague el alojamiento, entonces el costo de su alojamiento y las comidas que recibió allí pueden deducirse como un gasto comercial. Todo esto está sujeto a límites específicos que a menudo dependen del lugar al que viaje. Si viaja mucho y se olvida de poner estos gastos personales, terminará perdiendo una cantidad considerable de dinero.

Si usted es propietario de una casa, se mudó y vendió su casa dentro del año, entonces debe considerar la cantidad real que tuvo que dar durante el proceso de compra de la casa cuando informa la ganancia de capital de vender la casa. Esto también es elegible si decidió renovar la casa que ha usado o ha estado en uso durante más de un año. Puede incluir el costo de hacer estas renovaciones en la base de costos ajustados de la casa. Esto, a su vez, reduce la ganancia del capital que se enfrenta cuando vende la casa.

Agregue tarifas de corredores al costo de las acciones: como ya sabrá, comprar acciones no es una transacción gratuita. Siempre tendrá que pagar comisiones y tarifas de transferencia cuando decida cambiar de corretaje. En lugar de pagar estas tarifas de su propio bolsillo, debe agregarlas a la cantidad que pagó por una acción cuando desee determinar la base del costo. Cuando decida vender sus acciones, reste siempre la comisión del precio de las acciones. Estos costos se consideran cancelaciones porque son gastos con los que trató directamente, gastos que pagó para hacer crecer su dinero. Las tarifas de transacción y las tarifas de corretaje simplemente son el dinero que tiene que sacar de su propio bolsillo para hacer una inversión.

Aunque las corredoras de descuento cobran tarifas que son aparentemente más bajas que otras, siempre debe reclamar este gasto porque, como muchas otras, al final le costará. Varias tarifas durante el período de un año podrían sumar cientos, si no miles de dólares, especialmente si usted es un comerciante constante que invierte en cientos de dólares cada año.

Aferrarse a las acciones: las personas a menudo tienen la costumbre de vender sus acciones cuando sus inversiones van al sur. Si bien este es un movimiento razonable, podría costarle un buen dinero. Usted ve, las ganancias de capital de menos de un año (a corto plazo) con frecuencia sufren impuestos a una tasa más alta que las de más de un año (a largo plazo). Entonces, ¿cuál es la diferencia de tasa de impuestos entre los dos?

Podría ser de hasta el 13 por ciento e incluso más en otros países y estados, por lo que si considera esto, sería extremadamente beneficioso mantener sus existencias durante más de un año.

Cuando las personas comienzan a cotizar por primera vez, planean participar en los mercados de valores durante más de décadas trasladándose de una acción a otra. Planean hacer esto mientras mantienen su dinero trabajando activamente para ellos en el mercado durante el período de acumulación de capital. Si desea unirse a esta multitud, considere todas las ventajas fiscales que conlleva mantener sus acciones durante más de un año. Sus ahorros podrían estar más allá de sus expectativas.

Conclusión

Gracias por llegar hasta el final de Invertir en la Bolsa de Valores para principiantes: e intermedios, esperamos que sea informativo y capaz de proporcionarle todas las herramientas que necesita para lograr sus objetivos, sean las que sean. El hecho de que haya terminado este libro no significa que no quede nada que aprender sobre el tema, y expandir sus horizontes es la única forma de encontrar el dominio que busca.

Ahora que ha llegado al final de este libro, es de esperar que comprenda cómo avanzar con éxito a la segunda fase de su carrera de inversión en acciones, así como de una, dos o tres estrategias, que está ansioso por probar por primera vez. Sin embargo, antes de seguir adelante y comenzar a darlo todo, es importante que tenga expectativas realistas en cuanto al nivel de éxito que debe esperar en el futuro cercano.

Si bien es perfectamente cierto que algunas personas experimentan un gran éxito desde el principio, es un hecho desafortunado de la vida que son la excepción y no la regla. Lo que esto significa es que debes esperar experimentar una curva de aprendizaje, especialmente cuando descubres por primera vez lo que funciona para ti. Sin embargo, esto es perfectamente normal, y si persevera, saldrá mejor del otro lado. En lugar de hacer que sus esperanzas sean poco realistas, debe pensar en el tiempo que pasaste en el mercado de valores es como un maratón en lugar de un sprint, lo que significa que lento y constante ganará la carrera cada vez.